KB067925

농사의 종말

한도숙
지음

민중의소리

농사의 종말

민중의소리

추천사

농민 운동가의 삶 투영된 고백서

평생을 한눈팔지 않고 초지일관 하나의 일과, 하나의 철학과, 하나의 세계관으로 산다는 것은 혼돈한 우리 시대에서 그렇게 쉬운 일이 아니다. 그러나 내가 본 한도숙 의장은 그렇게 살아온 분이다. 평생을 농사지으며 농민으로 살았고, 농민의 권리와 이익을 위해 농민운동의 전면에 섰으며, 악랄한 자본의 야비한 약탈에 저항했고, 민족의 아픈 역사를 보듬으려 했으며, 통일을 염원한 운동가로 살아왔다.

전농 경기도 의장 시절부터 안성에 있던 나의 학교와 한 의장의 평택 농장을 서로 오가며 우정을 나눈지 어언 30여 년이 지나고 있다. 나는 그가 대학에 있는 나를 싸구려 지식인으로 봐주지 않는 것에 늘 고마워했다. 전농 의장 때도 그렇고 〈농정신문〉 사장으로 있을 때도 늘 함께 했다. 그렇게 오랜 세월 동안 많은 말을 하지 않아도 서로를 이해하는 사이가 되었다.

그런 그가 칠순이 다되어 세상에 내놓으려는 책이 바로 『농사의 종말』이다.

이 책은 시대와 정책과 자본이야말로 우리 시대 농업과 농촌과 농민을 종말로 이끌고 왔다고 단언한다. 저자는 "이제 자본이 우리 농사를 생명과 평화에 연대한 농촌공동체를 어떻게 종말로 이끌었는지 속속들이 알아보려고 한다."라고 이 책의 목적을 설명하고 있다. 그런 측면에서 본서는 평생을 올곧게 살아온 한 농부 운동가의 자전적 삶이 투영된 고백서를 객관적으로 담담히 서술한 역작이다. 고민과 사색의 끝자락에서 붙잡은 '농사의 종말'이라는 그의 결론에 동의하면서도 한 방향을 바라봐 온 나로서는 왜 이렇게 마음이 아프고 쓰라린지 모르겠다. 우리의 현실을 고뇌하는 많은 분들의 일독을 권한다.

윤석원 중앙대 명예교수

책을 내며

한국 농정의 오류 살피다

평생 땅을 일구다가 언뜻 돌아보니 어느새 백발이다. 40여 년 농사를 짓다 보니 세상에서 가장 할만한 일이 농사라는 걸 깨닫게 되었다. 그러나 세상은 그렇게 농사에만 집중하도록 내버려 두질 않았다. 80년대 초 남의 과수원을 임대해 농사를 시작할 무렵부터 이 땅에는 변화의 강풍이 몰아치기 시작했다. 이미 70년대부터 신자유주의 세계화가 농민들은 알지도 못하는 순간을 파고들었다. 그 징후들이야 80년대부터 나타나기 시작했지만 정부의 농정 방향은 농업 농촌 농민을 줄여나가는 정책으로 짜이기 시작했다. 산업화가 달성되면서 농촌은 피폐해지기 시작했고 신자유주의 세계화는 농민들에게 결정타를 날리게 되었다. 90년 초 1천만 농민이 현재 200만 정도로 축소되는 과정의 농정은 그야말로 살농정책이란 말이 무색할 정도였다.

농민들의 저항은 70년도부터 서서히 일어나기 시작했는데 이는 그동안 지배계급에 대한 피지배계급의 저항이었다. 천주교 안동교구의 오원춘 사건으

농사의 종말

로 알려진 불량감자종자보급 사건에서부터 함평고구마 사건에 이르기까지 눌러왔던 농민들의 저항이 터져 나오던 시기였다. 이 시기의 농정은 증산이 라는 목표로 설정되어 있었다. 그러나 일부 경제학자들은 이미 비교우위론에 입각한 농정이 필요하다고 역설하기도 했다. 특히 경제개발 5개년 계획의 입 안자들은 농민 인구를 전체 인구의 6% 정도로 낮추어야 경쟁력이 있을 것이 라 내다보고 정책을 추진했다.

80년대 들어 농촌은 한바탕 회오리가 몰아친다. 바로 소값 파동이다. 정부 의 정책 오류와 권력자의 농간이 합쳐져 50만원짜리 송아지가 성체가 되어 내다 팔 때도 50만원이니 농민들의 분노가 터져 나온 것이다. 쌀의 증산정책 이 실패하고 농업의 개방은 거센 물살을 타게 되었다.

농민들의 저항은 조직적으로 터져 나왔다. 그러나 정부 당국의 정책은 변하 지 않았다. 그때그때를 수습하는 대책이 있었을 뿐이다. 국가의 기반이 되는 농업정책을 100년을 내다보며 만들어 내지 못하고 세계화 시장의 제물로 바쳐버린 것이다.

이 글은 코로나가 세상을 지배하면서부터 시작되었다. 코로나가 이렇게 인류의 일상을 지배하면서 비로소 농사가 더욱더 중요하다는 것을 알게 해주었기에 우리는 새로운 패러다임의 농사를 준비해야 한다. 그러나 지금까지의 농정을 비판적으로 바라보지 않고서는 가능하지 않기에 내가 농사짓고 살아온 지난 40년의 과정 속에 드러누운 농정의 문제를 파고든 것이다.

학자의 연구로 농정을 파헤친 것이 아니라 농사의 현장에서 무엇이 문제였는지를 따졌기에 광범위한 자료에 접근하고 분석하지는 못했다. 하지만 현장의 바람이 바뀔 때마다 그 원인이 어떤 정책에서 기인한 것인지를 밝혀보려고 노력했다. 따라서 농정의 방향을 바꾸려고 한다면 반드시 짚고 넘어가야 하는 대표적 농정만을 짚어본 것이다. 그래서 대안은 없다. 그런저런 농정이 아버지가 야반도주하도록 했고 이만저만한 정책이 농민들이 농약을 마시도록 했다는 이야기다.

〈민중의소리〉에서 설익은 기고를 선뜻 받아서 올려주고 또 책으로 출판한다고 하니 저자로서 기쁘고 고마울 뿐이다. 글을 올리며 기자들의 세심한 지적과 출판에 힘을 써준 출판부, 그리고 〈민중의소리〉 전체 성원들께 고맙다는 말씀드린다.

2022년 3월
귀여재에서 한도숙

차례

그 길고 고통스런 농민의 저항에도 불구하고
농사의 종말은 다가오고 있다.

농사의 종말

냉혹한 시장논리에 좌지우지된 우리 식탁

개도국 지위 포기는 농업 포기 선언이다. 지난한 WTO 협상 과정에서 강대국들의 이익을 보장하는 것은 농업을 제외한 부분에선 그런대로 합의가 이뤄졌다. 이마저도 '사다리 걷어차기'에 불과한 짓들을 과감히 처리한 강대국들의 후안무치는 이미 세계에 확인된 바가 있다. 그런데도 농업문제는 도하개발아젠다DDA 이후 난항을 거듭하는 중이다. 후진국들이 받아낸 것이라면 '개도국 지위'라는 것이다.

이제 우리나라는 농업을 포기한 나라임을 국제적으로 선포했다. 농민들과는 단 한 번도 소통의 기회를 갖지 않은 채 어느 날 갑자기 일방적 선언을 하고 말았다. 잃는 것보다 얻을 것이 더 많다는 논리였다. 당연히 농업을 잃고 농민을 잃을 것이다. 우리 밥상은 농산물 메이저들의 손아귀에 놀아나게 되었다. 우루과이라운드부터 개방농정을 경쟁력 강화란 허울로 포장하고 강도 높은 구조조정을 한 결과, 농업은 일정 부분 확실한 자본 집약적 산업으로 재편됐다.

이로써 우리나라 농업은 다양성을 포용하는 농업이 아닌 단작과 규모화와 과학화로 대변되는 시장상업주의로 전락해, 농업생태계는 파괴되고 자본의 농업 진출만 가속화하기에 이르렀다. 일부 대기업이 농업 진출을 희망하다 좌절되기는 했지만 이들은 기회만 되면 농업 부문 투자를 할 것으로 보인다. 이들이 바라는 농업 부문의 투자는 사실상 토지자본의 확보일 수도 있다. 이것이 가져오는 폐해는 이루 말할 수 없을 정도다. 시장지배력 독점의 문제, 환경문제, 토지개발의 문제 등 시장자본의 속성을 그대로 끌어안은 채 전통적 농사의 지속가능성을 말할 수는 없을 것이다. 아직 규모화 된 농업인들이 경쟁력이 있는지, 지속가능성이 있는지의 문제도 검토되지 않았다.

홍남기 부총리도 그동안 정부는 농업을 개방하는 과정에서 '농업 개방 피해 보전' 차원에서 정책을 시행해왔다는 것을 인정했다. 따라서 이번 결정을 통해 한국 농업의 미래를 위한 투자 차원에서 정책을 추진해나가는 출발점으로 삼겠다고 했다. 그러나 언젠가 어디에선가 들어본 귀에 익은말이라는 데에 문제가 심각하다.

문재인 정부가 개도국 지위를 포기한 것은 국내 농민들의 의사보다 다른 쪽의 의사를 반영한 것이다. 트럼프 미국 대통령은 2019년 7월 26일 "경제적 발전도가 높은 국가가 WTO 내 개도국 지위를 이용해 특혜를 누리고 있다"며 WTO가 90일 내 이 문제에 실질적 진전을 이뤄내지 못하면 미국 차원에서 이들 국가에 대한 개도국 대우를 일방적으로 중단하겠다고 밝혔다. 미국이 자동차 관세 부과, 한미 방위비 증액 등을 무기로 삼자 개도국으로서 유일하게 특혜를 유지했던 농업을 제물로 바친 것이다.

WTO 농업협상 개시 여부가 불투명할 뿐이지 협상이 진행되면 한국 농업은 돌이킬 수 없는 치명상을 입을 것이 분명하다. 중국이나 미국산 쌀 가격이 우리 쌀의 5분의 1수준에 불과해 경쟁이 어려운 상황에서 그나마 수입쌀에 대한 관세513%로 버텨왔으나 이마저 무너지면 쌀농사를 지을 수 없는 것은 명약관화한 일이다. 농업 전문가들은 개도국 지위가 사라지면 쌀 관세율은 513%에서 393%로 조정되며 고추는 270%에서 207%로, 마늘은 360%에서 276%로 낮아지는 등 8대 주요 기초농산물의 경쟁력이 현저하게 떨어질 것으로 예측하고, 고정·변동직불금 등 연간 1조5천억원가량의 농업 보조총액 AMS도 반 토막 날 것으로 보고 있다. 전문가들의 예측과 농민들의 전망과 느낌은 또 다르다. 쌀 관세율이 513%에서 154%까지 대폭 낮아지는 등 기초농산물의 관세율이 200%대 아래로 떨어질 것으로 보고 있다.

자동차나 반도체 등 대부분 산업은 선진국형 수출국인 것이 맞지만 농업은 여전히 개도국 상태여서 수입에 크게 의존하고 있는데도 모든 산업이 '선진국'인 것으로 왜곡되고 있다. 1년 농가소득 1,000만원이 안되는 농가가 100만 호에 달하는 나라가 어찌 농업선진국일 수 있는가. 1993년 개방농정 이후 농정당국의 '정책'은 없었고 늘 '대책'만 있었는데 이런 대책마저도 우리 곳간을 지켜내는 데엔 효과가 없었다. 농민 달래기용 대책과 농민에게 책임 떠넘기

농사의 종말

홍남기 경제부총리 겸 기획재정부 장관이 2019년10월25일 대외경제장관회의 결과 관계부처 합동브리핑에서 세계무역기구 개발도상국 지위 포기를 발표하고 있다. ⓒ민중의소리

기가 전부였다고 해도 과언이 아니다.

문재인 정부는 대책 없이 개도국 지위를 헌신짝 버리듯 포기했다. 이것이 과연 문재인 정부가 말했던 경쟁과 효율에서 벗어나 다원적이고 공익적 가치를 극대화해 지속가능한 농업, 농촌을 만든다는 농정철학이었는지 묻고 싶다. 국회가 내놓고 있는 공익형직불제도가 농민 모두에게 만병통치약인 양 목을 빼고 기다리고 있으면 되는가. 곡물 자급률은 21%지만 쌀을 제외하면 한 자릿수인 만큼 쌀을 포함한 농업은 주권이자 안보의 개념으로 접근해야 한다며 이를 헌법에 반영하겠다던 문재인 정부에 대한 정치적 배신감마저 든다.

정부는 공익형직불제를 통해 대통령 공약사항이 이행되는 것으로 착각하고 있다. 직불금을 통합하여 농가 단위로 지급하면 농업예산의 30%에 해당하는 돈이 직불금으로 투입된다. 총 2조4천억원이다. 최소 0.5ha헥타르 미만 소농에게도 120만원을 주는 것으로 법이 통과됐다. 그렇다고 소농들이 소득 안정성을 갖추었다고 볼 수는 없는 것이다. 문제는 농산물 시장의 가격안정에 있다. 그것을 간과하고 정책을 시행하면 밑 빠진 독에 물 붓기가 될 뿐이다. 적어도 기초농산물을 선정하고 시장가격이 하락할 때 물량을 긴급히 시장에서 격리할 수 있어야 한다. 우리 농업의 지속가능 여부는 농가소득을 지탱하게 하는 것이고 그 장치는 최저가격보장제도가 되어야 한다.

개도국 지위 포기선언이 그동안 국민들이 상대적으로 값비싼 농산물을 소비하게 용인했던 것으로부터 전환될 것이라고 말하는 사람도 있다. 값싼 농산물로 인해 소비자의 선택권이 늘어날 것이며 이는 한국농업의 새로운 변화를 요구하게 될 것이라고 주장하기도 한다. 그러나 단호히 말하건대 이는 농사의 종말을 고하는 일이 될 것이 분명하다. 전문가들도 이제는 냉혹한 국제시장에 의해 식탁이 지배받을 수밖에 없다고 우려한다. 즉 식량주권이나 식량안보를 다국적 농산복합 농기업에 맡기게 된다는 것이다. 소비자들의 선택권이 늘어난다는 것은 역으로 농민들의 선택권이 사라지는 것을 말한다. 이는 5천년을 이어온 우리 농사에 대한 국가폭력일 뿐이다.

농사農事와 농업農業

농사의 종말로 내몬 수입개방농정

국어사전에 '농사'는 논이나 밭에 씨를 뿌리고 가꾸어 거두는 등의 농작물 재배 과정을 통틀어 이르는 말이라고 한다. 영어로는 agriculture, farming 등으로 해석된다. '농업'을 보면 토지를 이용하여 인간에게 유용한 동식물을 길러 생산물을 얻어내는 산업. 논밭 농사뿐만 아니라 과수업, 원예업, 양잠업, 양봉업 등이 이에 해당한다. 영어로는 agriculture, farming으로 역시 농사와 다르지 않다. 다만 구분을 한다면 agricultural industry라고 해석할 수 있다.

국어사전이 이렇게 농사와 농업을 구분해서 설명한 이유는 뭘까. 국어학자들의 의도를 알 수는 없지만 그래도 농사와 농업을 분명히 가르고 있다는 사실이 다행이라면 다행이다.

현대를 살아가는 우리는 보통 '농업'이라고 말한다. 그렇게 가르쳐 왔고 그렇게 배웠기 때문이다. 현대사회가 자본주의 경제의 틀 안에 있기에 그리 생각할 수밖에 없다. 자본주의 경제 틀 안에서 모든 생산물은 곧 상품goods이기 때문이다. 공장에서 만들어내는 물건들은 모두 팔기 위해서 만들어낸다.

그러니 그것은 분명 상품이다.

그렇다면 농사를 통해 생산된 물건들이 모두 상품인가. 그렇지 않다. 상품이 아닌 것이 엄청나게 많다. 자기가 먹기 위해 재배된 것이 그렇고 이웃과 나누기 위해 재배된 것 또한 그렇다. 이들은 상품이 아니다. 현재의 우리 농촌이 모두 상품을 재배하는 곳이 아니라는 말이다.

그렇다면 국어사전은 농사와 농업을 확연하게 구분해야 할 것이다. 농사는 논이나 밭에 씨를 뿌리고 가꾸어 거두는 등의 농작물 재배 과정뿐만 아니라 그것을 분배하고 이용하는 것과 그것에 담겨있는 정신을 담아내야 한다. 반면에 농업은 토지와 자본을 이용하여 인간에게 유용한 동식물을 길러 상품을 얻어내는 산업이라고 분명히 못을 박아야 한다.

우리 농사의 역사는 1만년을 거슬러 올라간다. 세금 내고 지주에게 절반 빼앗기는 가혹한 삶 속에도 농민은 문화를 발전시키며 삶을 이어왔다. 농촌엔 인심이 후하다는 말은 농촌이 상품 경제의 틀 안에 있지 않기 때문이다. 고구마 하나가 개당 얼마로 치환되는 순간, 즉 상품이 되는 순간, 농촌도 자본의 논리에 떨어지게 된다. 농촌은 서로 나누고 연대하는 가운데 유지되고 발전되었기에 자본의 논리가 통용될 수 없었던 것이다. 따라서 농업이란 용어는 자본주의와 함께 우리 앞에 나타난 것이다.

1899년 고종이 농상공학교를 개설하도록 하는 조칙을 내리고, 5년 후 1904년 농상공학교를 개설하면서 농업이라는 용어가 도입됐다. 이후 한일 병탄을

농사의 종말

거치면서 농업학교들이 전국에 세워지는데, 이는 일제의 수탈정책의 일환으로 농산물 생산력을 높이겠다는 의도를 가진 일이었다. 학생들이 똥통을 지고 거름을 주는 모습 때문에 똥통학교로 천대를 받았지만, 이들에 의해 일제는 수탈 목표를 순조롭게 이룩했다.

식민지 수탈은 상품 경제 틀 안에서 이뤄졌다. 모든 농산물이 교환의 대상이 된 것이다. 이를 통해 토지자본을 확대한 거부 지주들이 나타나고 농산물은 생명, 연대의 산물에서 상품으로 변질되어버렸다.

2003년 9월, 멕시코 칸쿤 WTO각료회의장 앞에서 가슴에 비수를 꽂고 자결한 이경해 열사는 "농산물은 교역의 대상이 아니다", "WTO kills farmers!WTO가 농민을 죽인다!"는 구호를 외쳤다. 세계무역기구WTO가 농민을 죽인다니 무슨 말일까? 농산물은 교역의 대상이 아니란 말은 또 뭐란 말인가?

이것은 단순히 그의 주장만은 아니다. 당시 전 세계 농민들 앞에 닥친 공통의 문제였다. WTO는 농산물을 국제 교역의 틀 안에 넣어버렸다. 세계 모든 나라들은 빗장을 풀고 농산물을 교역해야 한다는 것이었다. 시장의 논리에 따라 농산물 시장을 열어야 하며 그 시장은 자본의 논리에 충실해야 하고 어떠한 경우라도 국가가 개입해서는 안된다는 것이다.

농산물을 이미 상품으로 교역하던 미국과 몇몇 나라를 빼고는 모든 농민들이 들고일어날 일인 것은 불문가지 不問可知였다. 세계 농민들이 모여서

WTO를 반대하는 구호를 외쳤고 각료회의는 무산됐지만, 이경해는 영원히 돌아올 수 없는 불귀의 객이 되고 말았다. 물론 세계 농민들의 가슴에는 이경해 열사가 뿌린 "농산물은 교역의 대상이 아니다"란 철학이 깊게 뿌리를 내렸다.

코로나19가 극성을 부리던 2020년 11월 말, 인도 농민들이 들고일어났다. 30~40만명의 농민들이 트랙터와 자동차를 끌고 수도 뉴델리로 향하다가 뉴델리 외곽 고속도로를 봉쇄하고 농성을 시작했다. 이들은 죽을지언정 자리를 떠나지는 않겠다고 계속 목소리를 높이고 있다.

인도 농민들의 분노는 어디에서 비롯됐는가. 인도 정부가 민간자본에 농산물 시장을 개방하려는 법안을 통과시켰기 때문이다. 전체 인도 인구의 절반이 농사를 짓고 있는데 농산물 시장 개방은 농민들을 죽음으로 내모는 정책이기 때문이다. 인도 농민들은 가난한 빈농들이 대부분이다. 그나마 국가가 농산물 최저가격보장 정책을 60여년 동안 유지시켜, 농사를 지으며 근근이 삶을 이어왔다. 코로나19로 직장을 잃은 노동자들이 그나마 고향인 농촌으로 돌아와 삶을 이어갈 수 있는 것도 농촌이 살아있기에 가능했던 것이다.

인도 정부가 더 이상 농민들을 보호하고 가격을 지지하지 않겠다고 선언한 배경에는, 다국적 농산복합체의 압력과 IMF에 굴복한 것이라는 설명도 있다. 인도 경제학자들은 정부의 이번 정책으로 정권이 바뀔 가능성도 있다고 한다. 인도 정부는 농민들이 정책을 오해하고 있다고 하지만, 분명한 점은 인도 농업의 자본시장 개방은 일부 농민들만 살아남을 거라는 말과 다르지 않다는 것이다. 그렇다면 3~4억명이 되는 농민들은 죽을 수밖에 없는 상황이란 것이다. 어찌 가만히 앉아서 죽을 날을 기다릴 것인가?

우리나라 농촌이 농사가 농민이 오늘과 같이 종말을 고하게 된 것은 그동안 정부 정책이 시장개방에 초점을 맞추어 왔기 때문이다. 시장 개방에 대한 구구절절한 이야기는 나중에 하더라도, 원조 곡물을 들어온 것PL480, 저개발국에 식량을 제공하는 근거가 되는 미 공법 480호에 의해 이루어졌다이 우리 농사를 벼랑으로 내몬 장본張本인 것은 짚고 넘어가자.

배고픈 나라에 잉여농산물을 원조하는 것이 나쁜 일은 아니라 본다. 당장 기아에 허덕이는 사람들에게 밀가루 한 줌은 엄청난 생명의 은혜일 것이다. 그런데 자본은 대가를 요구한다. 사람들은 밀가루 맛에 길들여지고 대량 생산으로 가격이 낮아진 밀가루를 먹게 된다. 이는 우리 땅에서 자라던 밀이나 보리 등이 농토에서 사라지게 되는 결과를 초래한다. 밀가루 시장은 곡물 메이저 회사들의 손아귀에 놀아나게 된다. 그렇게 우리 농사의 궤멸은 예정돼 있었고, 정부 수립 후 60여 년 간 우리 농사는 자본 시장에 강제 편입되었다.

이미 자본에 편입되어버린 우리나라에서 그나마 농촌을 유지하는 것은 쌀농사이다. 쌀농사가 무너지면 농촌은 그야말로 흔적도 없이 사라질 것이다. 쌀농사가 자본과의 경쟁에서 살아남을 수 없게 되자 정부는 시장 가격과의 차이를 메워주는 정책을 취하고 있다. 이것이 '쌀직불금'이다. 쌀직불금은 면적 대비로 지급하는 '직접지불금'과 '변동직불금'이 있다. 이 제도가 농촌의 빈익빈 부익부를 조장한다는 비판이 일자, 문재인 정부는 '공공지불금'으로 변경했다. 즉 0.1ha 농가와 30ha 농가 사이의 격차를 줄여보겠다는 정책이다. 하후상박 下厚上薄의 논리이다. 이렇듯 자본과의 대결을 피해 가는 방법이 언제까지 유지될 수 있을지는 아무도 알지 못한다.

요즘 농촌에 회자되는 말이 '6차 산업'이다. 생산뿐 아니라 서비스까지를 아우르는 말이다. 농사에 뜻을 둔 젊은이들이 가능성을 타진하고 또 일부는 창조적 아이디어로 시장에 뛰어들고 있다. 정부도 그것만이 살아남는 길이라며 홍보를 하고 지원을 하고 있다.

그러나 정책은 일반화되어야 한다. 6차산업 진흥책을 일반화할 수 있는가? 농촌의 제반 여건들은 그것을 용납하지 못하는 구조이다. 그러니 그 정책은 틈새 전략에 불과한 것이다. 즉 자본시장에 노출된 농사를 부여잡고 헤쳐 나갈 사람은 6차산업이라는 틈새가 있으니 도전해 보라는 무책임한 정책이다. 정책의 일반화를 통해, 농사를 시장으로부터 어떻게 보호할 것인가, 그리하여 식량주권을 어떻게 달성할 것인가와는 거리가 먼 정책일 뿐이다.

이 땅의 농사는 종말을 고하고 있다. 아무리 발버둥 쳐봤자 시장이라는 밀림 속에서 살아남을 가능성은 희박하다. 땅으로부터 부여받는 모든 생명적 에너지가 순환하는 일은 이제 사라졌다. 약육강식의 시장만이 사람들의 생명을 놓고 흥정하는 시대가 이미 도래했다. 우리만 모르고 있었던 것인가. 아니

농민들은 2018년 11월 22일 열린 '밥 한 공기 300원 보장! 쌀 목표가격 24만원 쟁취! 농민결의대회'에 쌀값 보장을 촉구하는 문구가 적힌 나락포대를 트럭에 싣고 왔다. ⓒ민중의소리

다. 자본은 자신의 반생명적 모습을 생명적 가치로 포장하여 확산하기에 우리는 속았다. 지금도 슈퍼마켓을 들락대는 소비자들이 속을 수밖에 없는 사이클을 돌리고 있다.

농민만 봉인가? 소비자도 봉이다

수탈농업 고착화한 저농산물 가격정책

　　전국농민회총연맹 부산경남연맹은 2015년 7월 15일 창녕농협 공판장에서 양파, 마늘 TRQ Tarrif Rate Quotas, 저율관세할당물량 조기 도입과 증량을 발표한 정부 정책을 규탄하는 기자회견을 열고 양파를 내다 버렸다. 이들의 주장은 물가인상의 주범으로 농산물을 지목하는 것은 옳지 않다는 것이다. 당시 발표된 정부 정책은 '수입' 외에는 대책을 마련하지 못하는 것으로, 농민들은 "명백한 수급정책 실패"라며 "그동안 농업인들이 TRQ에 대해 민감하게 생각하고 반발해왔음에도 안이하게 TRQ 증량 방침을 밝힌 것은 농업인을 죽이고 농업기반을 파괴하는 것과 다름없다고 주장했다.

　　이런 일은 한국 농업에서 비일비재한 일이다. 2015년도 양파, 마늘의 작황은 100년 만의 가뭄으로 최악인 상태였다. 가뭄이든 홍수든 자연재해가 나면 일단 농산물은 생산량이 줄어든다. 게다가 품질은 최악으로 떨어진다. 좋은 가격은 상품이 되는 것에만 인정된다.

　　이렇게 되면 농가는 빚더미를 떠안을 수밖에 없다. 물론 시장에도 가격 상

농사의 종말

승이라는 문제가 나타난다. 소비자는 덜 먹을 수라도 있지만, 농가는 농부가 생사를 고민할 정도의 극단적 상황을 피할 수가 없다. 이렇게 100년 만의 한해(旱害)는 농가 경제를 파탄 냈다. 그런데 정부는 농가 경제 복구 대책을 내놓지는 않고 수급조절과 가격안정이라는 정책만 쏟아냈다.

농식품부가 2015년 7월 2일 발표한 '주요 수급불안 품목 수급안정대책' 보도자료에 따르면, 정부는 "양파는 수급조절 매뉴얼에 따라 지난 6월 하순부터 계약재배물량 조기출하를 시행하며, 마늘은 비축물량 2천톤을 방출하고 있다. 생육후기 고온과 수확기 고온·가뭄 영향으로 수급 부족이 예상되면서 평년 수요량 대비 양파는 140천톤, 마늘은 41천톤 이상 부족 '가수요가 유발'되고, 높은 가격도 지속되고 있다"라고 동향을 분석했다.

농식품부는 가수요 차단을 위해 "TRQ 조기도입 공고6. 29와 7월 중 양파·마늘 부족물량 대상으로 TRQ를 증량할 계획"이라면서, "이러한 조치에도 양파·마늘 가격이 하락하지 않을 경우, '민간 직수입 물량 확대' 등의 추가 대책을 추진할 계획이다"라고 발표했다. 게다가 한술 더 떠 "소비자 가격 안정을 위해 전국 농협 하나로마트 등을 통해 양파·마늘·배추·무·대파·감자 등을 할인판매 행사를 추진7.1~13일 전국 350여개 매장에서 시중가 대비 20~50% 할인행사 추진. 가격불안시 연장하고 있다"면서 농산물 가격을 낮추지 못해 안달하는 모습을 보였다.

그렇게 가격을 안정(?)시키려면 농가 경영안정을 위한 정책이 뒤따라야 할 터이지만, 눈을 씻고 들여다보아도 농민들의 고통과 신음소리를 고려한 정책이 보이지 않았다. 소비자들은 가격이 올라가면 정부가 장바구니 물가를 낮추어야 한다고 분노하지만 싼 가격의 농산물이 자신의 주머니에 들어가면 더 이상 득실을 계산하지는 않는다.

이제 도시의 소비자들도 정부의 '저농산물 가격정책'이 과연 이익으로 돌아오는지를 심각하게 계산해 봐야 한다. 실제로 가계경제에 부담이 되는 교육비와 통신비, 자가용에 쓰이는 기름값, 주거비, 의료비 등은 여전히 비싼 편이다. 실제 OECD 가입국 중 상위그룹에 드는 것이 현실이다. 반면 농산물 값은 OECD 가입국 중 최하위 수준에 머무르고 있다.

이렇게 농산물 수급 불안정에 대해 민감하게 과잉반응 하는 정부의 태도를 보면, 관료들이 가진 인식의 바탕을 확인할 수가 있다. 우리 농사의 종말을 만들어 낸 저간의 정책과 관료들의 세계관을 만들어낸 바탕에 무엇이 존재하는지 살펴보자.

제3차 경제 개발 5개년 계획 작성 지침(안) 및 제1,2차 계획의 실적과 과제 보고서 일부를 보자.

보고서

경제 수석비서관 - 비서실장 - 대통령(7/11 재가 서명)

보고번호 : 제708호 1974.7.10. 대통령 각하

농사의 종말

농민들이 2018년 5월 15일 열린 '마늘 양파 가격안정 대책 마련 및 문재인 정부 농정개혁 촉구 전국생산자 대회'에서 피켓을 들고 있다. ©민중의소리

보고관 : 이선희

제목 : 제3차 경제 개발 5개년 계획 작성 지침(안) 및 제1,2차 계획의 실적과

과제

1969년 11월 26일 "경제 계획 실무위원회"에서 통과된 〈1〉제3차 경제 개발

5개년 계획 작성 지침안 및 제1차, 제2차 5개년 계획의 실적과 앞으로의 과

제에 대하여 다음과 같이 보고합니다.

1. 제3차 계획 작성 지침안 요지

가. 제3차 5개년 계획은 수출의 획기적인 증대와 농업의 혁신적 개발에 기

본 목표를 둔다.

나. 중점 목표 (목표년도 1976년) 1) 상품 수출 35억$

2) 식량 자급, 농어민 소득 증대 사업 추진, 농업의 기계화 촉진

3) 중화학공업 촉진

4) 전력, 교통, 보관, 하역, 통신 등의 사회 기초 시설의 균형 발전

5) 고용 확대, 과학 기술 향상, 기술훈련→생산성 제고

6) 주택, 위생시설 확충

7) 농어촌의 보건 및 문화 시설 충실화와 전화 사업 확충

8) 수출 산업 단지 등 개발단지 적극 조성, 공업과 인구의 지방 분산

9) 경제 성장 연평균 8.5%, 인구 증가율 1.5%로 억제.

(후략)

오래된 이야기지만 다시 정리해보면 이렇다. 1961년 5.16 쿠데타 후, 박정희는 자신이 만주에서 보고 배웠던 바대로 경제 개발 계획을 내놓았다. 그리고 1,2차 계획 10년간의 사업을 평가한다. 자신감을 얻은 박정희는 3차 계획을 수립한다. 그 중심은 '수출'이었다. 이후 우리나라는 뭐든 만들어 수출해야 했다. 매해 목표를 설정하고 그 목표를 초과 달성했다.

5·16쿠데타 때 발표된 이른바 혁명공약에는 '국가자주경제 재건에 총력을 다 한다'는 표현만 있을 뿐 수출에 대한 언급은 전혀 없었다. 1962년과 1963

년의 여러 연설에서도 수출에 대해선 거의 언급되지 않았다. 1960년대 초반 수출지원정책은 1950년대 후반의 각종 지원정책을 정비 내지는 강화하는 수준에 머물러 있었을 뿐이다.

그러다 1964년 6월 수출진흥종합시책을 마련했고, 같은 해 10월 5일 박정희는 자립경제의 기초를 확립하는 제1과제가 바로 수출진흥을 통한 외화 획득이며 경제시책의 중요한 목표를 '수출제일주의'로 삼고 있다고 역설했다. 수출지원정책 중 1950년대부터 존속한 지원정책을 제외한 나머지 것들은 1964년과 1965년에 새로 추가된 것들이다.

민정民政 첫 해이던 1964년 전반기는 혼란과 시련이 끊이지 않던 시기였다. 이를 진정시킨 후인 1964년 후반기, 1965년 초에 이르러서야 수출지상주의 깃발을 확고하게 세울 수 있었다. 박정희는 1965년 연두교서에서 '증산-수출-건설'이라는 구호를 내걸면서 제2차 세계대전 직후 영국 처칠 총리가 외친 '수출 아니면 죽음'이라는 극단적인 호소를 인용했다. 그렇게 국민을 한곳으로 모아냈다. 우리는 세계에서 가장 부지런한 민족으로 등극했다. 그리고 한강의 기적이라는 신화를 썼다.

그 신화를 위해 잃은 것도 너무 많았다. 그중 심각한 것이 '농업'이다. 위 보고서에 따르면 식량자급과 농업의 기계화 촉진이 주요 목표로 등장한다. 식량자급이야 누구라도 원망하지 못할 일이다. 그렇지만 분명히 그늘도 있었다. 식량 자급을 달성하기 위해 바다를 메워 대규모 농지를 조성했고, 기존의 농지를 기계화가 가능한 경지로 바꿔냈다. 이 과정에서 수많은 농민들이 삶터를 잃고 도시로 떠나야만 했다.

5천년 동안 유지됐던 농사, 농촌, 농민의 해체라는 전대미문의 사태가 벌어지게 되었던 것이다. 3차 경제 개발 계획의 수출 드라이브 정책이 실현되기 위해서는 값싼 노동력이라는 필요조건이 존재했다. 농촌의 인력은 값싼 노동력이었다. 그것이 계속 공급되도록 유지하기 위해서는 '저농산물가격정책' 또한 필요조건이 되었다. '저농산물가격정책'은 농가경제를 흔들었고, 농가는 그 때문에 자의든 타의든 파산했고, 업을 잃은 농민은 저임금 도시 노동자로 이동하게 됐다.

그러다 보니 값싼 노동력은 노동시장의 필요조건을 넘어 충분조건이 되었다. 남아도는 노동자들은 자신의 목소리를 내지 못한다. 산업예비군이 충분하니 자본은 노동자와 갈등할 이유가 없다. 자본가와 기업은 더 값싼 노동자를 고용해 경쟁력을 키우고 자본을 축적하는 기회를 가졌다.

지난 수십년 간 진행된 일관된 정책 속에서 이득을 본 것은 결국 자본가들뿐이다. 저임금 노동자들이 대부분인 사회에서 소비자 물가지수는 먹거리에서 판가름 난다고 봐야 한다. 그 먹거리가 저농산물 가격정책의 결과물인 농산물 아닌가. 달동네 벌방을 전전하며 값싼 농산물로 연명하며 노동해야 했던 노동자들은 "악" 소리 한번 내지 못하고 스스로 봉을 자처한 있는 꼴이었다.

농사의 종말

'저농산물가격정책'의 시발은 남덕우 전 경제기획원 장관이다. 그는 서강대 경제학과에서 교수로 재직하던 1969년 박정희 전 대통령에 의해 재무부 장관으로 발탁된 뒤 1974~1978년 경제부총리 겸 경제기획원 장관을 지내며 우리나라의 산업화를 주도했다. 이 당시 거론된 이론이 '비교우위론'이었다. 농업에서의 비교우위론은 우리나라같이 경지 면적이 좁은 나라는 총생산력이 떨어져 경지가 넓은 나라에 비해 경쟁에서 뒤진다는 의미로 적용됐다.

그는 지난 2007년에도 박근혜 대통령 후보의 측근으로 활약했다. 그가 경제기획원을 맡았을 당시 내놓은 농업개발 계획은 전체 인구 중 5~7% 수준의 농업인구를 유지해야 한다는 것이었다. 그것이 농업 개발보다는 산업 사회를 위해 농촌 희생을 담보해야 한다는 선언과 같은 말이었음을 그때는 많이들 알지 못했던 것 같다. 그러니 박정희의 경제개발을 주도한 세칭 '서강학파'의 시초이자 대부로 꼽히는 남덕우가 한국 농업의 오늘을 만들어 낸 장본인이라고 봐야 한다. 그리고 서강학파의 끈질긴 '개발 신화'에 우리는 아직도 헤어나지 못하고 있다.

농민들이 분노하고 몸으로라도 막겠다고 나서는 식용쌀 수입도 서강학파의 끈질긴 정책개입의 결과물이다. 거대 자본 산하 삼성경제연구소나 LG경제연구소가 농업문제에 관심을 갖는 것 역시 농업개발을 위해 연구하는 것이라는 오해를 할 수도 있다. 그렇지만 그들의 의도는 노동환경의 안정에 있고, 그를 위한 농산물 가격통제라는 그림을 그리는 것이다. 실제로 농산물 수입

정책의 논리나 해외 농업개발의 논리를 그들이 제공하고 있다는 의구심은 여기저기서 나타난다.

인류가 지구상에서 농사를 시작한 것은 약 1만년 정도 되었다. 아주 최근인 20세기 후반 약 50여년 동안 급격히 화학비료와 농약에 의존하는 농업과 농업 기계화에 의한 대형 기업 농업이 관행화됐다. 이것이 기근 해결에 절대적인 공헌을 함으로써 이른바 녹색혁명Green Revolution이 전개되었다. 그러나 나는 그것은 지구가 가진 것을 빼앗아내는 '수탈 농업'에 지나지 않는다고 본다.

저농산물가격정책이 탈농을 유도하고, 탈농자는 저임금 노동시장을 형성하고, 이들을 위해 저농산물 가격정책을 유지해야 하는 시스템이 '수탈 농업'이 계속되도록 고착화하고 있다. 화학, 기계화 농법으로 대표되는 관행 농업은 과도한 화학물질의 과용, 오용, 남용 현상을 수반함으로써 지구의 자연, 환경의 파괴와 질적 저하 현상을 초래하였다.

재래 농업이 사라지고 난 자리엔 대형 자본의 농업진출이 당연시되고 있다. 증산과 무역 확대에만 집중하는 과정에서 각종 과학기술적 수단과 방법이 동원되었다. GMO로 대표되는 농산복합체들은 이윤을 극대화하기 위하여 인류의 목숨까지도 인질 삼고 있다. 이들은 과잉생산 문제를 발생시켜 세계 농산물 무역 구조의 혼란까지 일으키고 있다. 우루과이라운드 협상과 WTO/DDA 협상은 그런 고민 끝에 나타난 현상이다.

농사를 농촌 사회 발전의 원천이라는 관점에서 바라보지 않고, 산업의 한 분야인 농업으로만 보고 오로지 비교우위만 강조한 지난 정부들의 짧은 생각들이 속속들이 비판되고 있다. 종합적 개발계획을 수립하지 않고 식량증산, 농가소득 증대라는 획일적이고 단편적인 측면만 강조하다 보니 회생이 불능 지경에 이르게 됐다. 이로 인해 농사는 지역사회의 종합적 틀로서 발전의 기회를 상실했다. 농사의 쇠퇴와 더불어 생산담당 주체인 농민들도 농촌을 떠나게 되어 농사와 농촌의 총체적 위기 상황이 조성되었다.

식량 증산을 위한 녹색혁명은 정말 구원이었나?

비민주적이고 지속가능하지 않은 녹색 혁명

과거 쌀 자급을 위해 모두가 바짓가랑이를 걷어붙이고 모를 내던 시절이 있었다. 박정희 전 대통령이 바지를 걷고 논에 들어가 모를 내던 흑백 사진이 기억난다. 그가 논두렁에 앉아 촌로村老들과 막걸리를 나누던 모습은 한 폭의 그림이었다.

어린 날의 그 기억은 박정희 전 대통령을 훌륭한 지도자로 여기게 했다. 그도 그럴 것이 가난한 소작농 집안에선 밥 먹는 일을 해결해야 하는 절체절명絶體絶命의 희구希求가 있었기 때문이다. 그래서인지 초등학교 졸업반 시절 장래 희망을 말하는 시간에 박 전 대통령 같은 정치가가 되겠다고 서슴없이 말했던 것 같다.

그 시절 논농사 여섯 마지기를 지어 나온 소출 중 대여섯 가마를 지주에게 주어야 했다. 그러고 나서 남은 예닐곱 가마로 여섯 식구가 일 년을 버텨야 했다. 당시는 '양석兩石'이라고 해서, 논 한 마지기 당 쌀 두 가마가 평균치로 생산되었다. 당시 심었던 쌀 품종은 대개 '아끼바레秋晴벼'라는 일본 품종이었고 더러는 재래 벼인 '다마금多摩錦'을 심었다. 물론 가뭄으로 피해를 입거나 물난리가 나면 그도 되지 않았다. 그래서 식량은 늘 부족했다.

당시 상태가 지속된다면 만성적 식량부족을 해결할 방법이 없었다. 더구나 해외 원조로 들여오던 쌀이 끊기게 되자, 박정희는 쌀 자급에 총력을 기울여야 했다. 군부 쿠데타로 정권을 잡은 박정희에게 정권의 안정은 쌀 자급에 달렸다고 봐도 과언이 아니었다.

그래서 그는 간척지를 만들었다. 그리곤 거기에 농민들을 집단 이주시켜 농사를 짓게 했다. 1961년 '섬진강 칠보댐 건설'과 1963년 '계화도 간척사업'이 대표적이다.

1963년 전라북도 부안군 동진강 어귀에서 대규모 간척 공사가 시작 되었다. 시작 시점엔 건설부가 방조제와 저수지 공사를 맡아했고, 이어 1973년에는 농수산부가 '계화도 지구 대단위 농업 종합 개발 사업'의 일환으로 내부 공사를 해 1979년에 끝을 맺었다. 이 사업으로 계화도와 육지를 이은 2개의 방조제를 건설돼 3,968ha1천2백만평의 간척지를 만들어졌다. 해당 간척지에는 2,708ha8백12만4천평의 농토가 일궈졌다.

또 바닷물이 들어오는 하천에 둑을 막아 담수호를 만들고 농업 용수를 확보하여 산간지에서도 쌀농사를 짓게 했다. 그게 경기도 평택, 화성과 충남 아산 지역이다. 1974년 준공된 남양만 방조제, 아산만 방조제, 1979년 완공된 삽교천 방조제는 아시아개발은행IBRD 자금으로 이루어졌다. 금강·평택 지구에 대한 차관 협정이 1969년 5월 체결돼, 한국 농지 개발 사상 처음으로 1970년 2월 대단위 농업종합개발사업을 시작하게 됐다.

이 사업의 효과적 추진을 위해 정부에서는 1970년 농촌근대화촉진법을 제정했고, 농업진흥공사현 농어촌공사를 설치한 후 더욱 활기를 띠기 시작했다. 맨 처음으로 추진된 금강·평택 지구대단위농업종합개발사업은 관개·배수·개간·간척 등의 사업이 종합적으로 실시되었으며, 1972년 영산강(1)지구, 1974년 경주지구와 계화도지구, 1975년 창녕·임진·삽교천 지구, 1977년 남강지구와 미호천(1)지구, 1978년 낙동강지구와 영산강지구가 계속해서 착공되었다.

이로써 1977년 대망의 쌀 4천만석 생산이라는 기록을 세우게 된다. 그러나 이 기록에 대해서는 말들이 많다. 3천8백만섬 정도인데 부풀려졌다는 것이다. 학자들 사이에서는 마魔의 3천8백만섬이라고 한다. 이게 사실이라면, 박정희는 자신의 숙원이던 4천만석 돌파를 보지 못한 것이 된다.

고구마나 심어야 했던 산간 구릉지와 바닷물이 들어오던 넓은 간석지가 기름진 논으로 변했다. 녹색혁명의 일단은 이렇게 토지 확보에 있었다.

그러나 박정희 정권의 쌀 자급 정책은 농지 확보만은 아니었다. 매년 몇 백만 섬을 먹어 치운다는 쥐 퇴치를 목적으로 한, '쥐 잡기 운동'도 있었다. 농가에 쥐약을 나누어주고 일시에 약을 놓아 쥐를 잡았다. 그러나 죽으라는 쥐는 용케 살아남고 누렁이가 쓰러지거나 닭이 뻣뻣하게 굳은 채 발견되곤 했다.

농사의 종말

아이들은 등교할 때 신발주머니에 쥐꼬리를 넣어 학교로 가져가 선생님께 검사를 받아야 했다.

또 모내기 방법을 알려주기도 했다. 당시 농촌 지역 전봇대엔 소주밀식小株密植이라고 한글로 적혀 있어, 그것이 무슨 뜻인지에 대해 아이들끼리 해석이 분분했다. 당시엔 못줄의 간격을 넓게 하고 볏묘를 많이 잡아15묘 심는 것이 관행이었다. 소주밀식을 알린 것은 이 방식을 바꾸라는 뜻이었다. 정부는 농업학자들의 조언을 받아 볏묘 수는 절반 정도로 줄이고 심는 간격은 촘촘히 하라고 권장했다. 이는 비료공업의 성장으로 가능한 일이었다. 다른 하나는 건답직파乾畓直播였다. 마른논에는 볍씨를 바로 뿌려직파 농사를 지으라는 것이었다. 이런 구호는 농촌 사회 곳곳에 붙어있었다.

그뿐 아니었다. 혼식混食과 분식粉食을 장려하기도 했다. 그래서 학교에선 혼식 도시락 검사를 하는 촌극이 벌어졌다. 부잣집 아이인 내 짝은 늘 흰밥에 검은콩 몇 알을 올려놓아 검사를 피하곤 했다. 영양학자들은 앞 다투어 보리밥이 영양가가 높다고 선전을 해 댔다. 밀가루 수입이 늘어나고, 커다란 사기 밥 사발이 작은 스테인리스 공기로 바뀐 것도 이 시절의 일이다. 이 모든 것이 쌀 자급을 위한 정책이라고 했지만, 한편으론 국민들을 결집시키는 수단으로도 활용되었다.

한국 녹색혁명green revolution, 개발도상국이 식량 생산력의 급속한 증대를 위해 추진하는 농업 상의 여러 개혁을 가리키는 말의 백미白眉는 '통일계 벼 품종의 개발'이었다. 당시 주종을 이뤘던 아끼바레는 1960년 일본에서 개발된 품종이다. 아끼바레는 초장(草丈, 식물의 길이)이 길어 쓰러짐에 약하고 벼 목 당 알 수가 적어(당시, 필자가 새 쫓으면서 세어보니 많아야 97립 정도였다) 마지기당 두 가마 소출이 일반적이었다. 당시 정부가 심으라고 권장한 통일계는 초장이 짧아 쓰러짐에 강하고 일부 품종은 벼 목 당 알 수가 최고 150여립 정도로 풍산성꽃눈이 잘 생기고 많이 피며, 열매가 많이 맺히는 작물의 성질이었다.

그러나 농민들은 여전히 재래 아끼바레를 심는 등 정책에 잘 따르지 않았다. 이는 농민들이 심던 품종을 심으려고 해서기도 하지만, 아끼바레가 좋은 품질의 쌀을 내는데다 초장이 길어 초가집 이엉 엮기에도 적합했고 나무가 적은 평야지에선 연료와 거름으로 쓰기에도 좋았던 때문이다. 정부는 이것을 바꾸기 위해 농가 지붕을 슬레이트로 바꾸고, 메탄가스로 불을 때겠다는 등 요란을 떨기도 했다.

그래도 농민들의 동의를 얻지 못하자, 정부는 정책을 억지로 밀어 붙이기 시작했다. 그 사례로 대표적인 것이 '못자리 밟아버리기'다. 공무원들은 가가호호 조사하여 통일계 벼로 모를 키우지 않았으면 장화를 신고 못자리를 밟아버리는 만행을 서슴지 않았다. 또 통일계 벼가 아닌 벼는 수매에서 제외되었다. 우리 집은 수매할 양이 없어 항상 아끼바레로 농사를 지었지만, 수매를 해야 했던 이웃 농가들은 병해에 약한 통일계 벼를 심고 몸살을 앓았다.

통일계의 볍씨 개발은 희농1호로부터 시작된다. 이는 아프리카에서 가져왔으나 실패했고, 필리핀에서 교잡한 통일벼와 뒤이은 유신 등이 기적의 볍씨로 소개됐으나 모두 실패한 걸로 보인다. 뒤를 이어 박노풍 씨가 개발했다는 노풍 품종도 도열병에 취약점이 발견됐으나 밀어붙이다, 1979년 '노풍 파동'이 일어 통일계 품종의 몰락과 정권의 몰락으로 이어졌다. 그 시절 녹색혁명을 주도했던 관료나 학자들은 자랑스럽게 생각하고 있겠지만 이제 새로운 평가가 필요한 시점이다.

통일계 벼 도입은 그 필요성을 농민들과 공유하지 않은 채 강제 진압 형식으로 진행됐고, 쌀 생산량 증대에만 초점을 두었기에 실패할 수밖에 없었다. 우리나라 자연 환경과 농업 환경 등에 여러 차례 적응시켜 보는 등 준비가 미흡했고 농민들의 동의도 없어 정책이 성과주의로 흘러 버린 것이다.

녹색혁명은 농민들을 농촌의 변화로부터 지켜내지 못했다. 새로운 품종에 맞춰 농업의 기계화가 촉진됐다. 전통적 방식으로 모내기와 추수를 하던 농민들은 모 심는 기계와 수확 기계 그리고 땅을 갈아엎는 트랙터를 도입해야 했고 그 비용은 농가 부채로 쌓여갔다. 농기계가 없으면 너른 들판을 감당하기 어려웠고, 급격한 이농 현상은 다시 농기계를 필요로 했다. 또한 통일계 신 품종은 병충해에도 약해 여러 번 농약을 쳐야 했고, 이 때문에 농약 중독 사망자가 늘었다. 정부가 억지로 도입한 새 농사법과 품종에 적응 못한 농민들은 농촌 구조조정의 희생양이 되었다.

대표적인 사례가 앞서 언급한 '노풍 피해'였다. 당시 1단보300평에 450kg 의 벼가 생산이 되는 것이 일반적이었는데, 1977년 호남작물시험장에서 개발된 이리 327호노풍 벼는 750kg이나 소출이 났다. 그런데 하필이면 보급된 이듬해 바로 목도 열병이 격발하여 대흉작이 되었다. 또 같은 통일계 품종으로 1977년 영남작물시험장에서 개발된 밀양29호내경 벼도 통일계 벼 도열병 피해 당시 노풍 벼에 버금가는 피해를 냈다. 이는 신품종을 만든 연구자·과학자 이름을 벼 이름에 붙여 명예를 주려던 박정희의 계획을 무산시키고 당사자들에게 희대의 불명예를 안겼다.

노풍 파동은 1978년 제10대 국회의원 선거에 영향을 미치기도 해, 유신 시대의 종말을 앞당기는 도화선이 되었다. 당시 박노풍씨는 노풍 벼가 도열병에 약하다는 사실을 인지하고 시험 재배를 먼저 할 것을 상급 기관에 건의하였으나 묵살되었다고 밝혔다. 결국 노풍 피해는 쌀의 자급도를 떨어트리고 수입쌀 도입이라는 결과를 초래했다.

결국 잠재 돼 있던 농민들의 분노가 터져 나오기 시작했다. 가톨릭농민회는 1978년 12월부터 이듬해 1월까지 전국 농가를 대상으로 설문조사를 진행한 후 그 결과를 바탕으로 피해 보상 운동을 전개했다. 1979년 1월 23일 충남 홍성군 홍성읍 노풍 피해 농민들은 읍사무소로 몰려가 3시간 동안 집단 농성을 했고, 전북 완주군 고산 천주교회담임 문규현 신부도 3월 17~26일 간 비봉·고산·운주 등 3개 면 11개 리 164 농가의 피해 조사를 한 다음 정부 당국의

농사의 종말

보상을 요구하는 집회를 했다. 뿐만 아니라 각지의 기독교 농민회와 자주농들도 피해 보상 집회에 나섰다.

> 농민운동을 하며 처음으로 가장 크게 당국과 싸운 일은 노풍 피해보상 투쟁이었다. 노풍은 통일벼 계통의 개량형 벼품종이었다. 오직 식량증산에 눈이 멀어 있던 유신정권은 1978년도에 검증도 제대로 거치지 않은 신품종을 농가에 강제적으로, 그것도 대대적으로 보급했고, 그해 여름 노풍 재배 농가는 대규모의 병충해가 발생해 엄청난 피해를 입었다. 한 해 농사를 망친 농민들의 분노는 하늘을 찔렀다.
>
> 그리고 전국에서 최초로 임실성당에서 노풍피해보상을 위한 기도회가 열렸다. 신태근이 주도적으로 조직한 이 기도회는 전국적인 보상 투쟁의 봉화가 되었고 특히 전북 지역 농민 운동의 확대에 결정적인 역할을 했다. 당시 기도회에 참석했던 전북 20여 곳의 신부들이 각자 자기 지역에 돌아가 농민 운동의 불씨를 지폈던 것이다. 작은 임실 지역이 농민 운동의 성지로 불리게 된 계기였다.
>
> – 〈한국농정신문〉 끝내 희망은 농업에 있다, 2013. 2. 18.

이처럼 전국에서 노풍 피해 보상 투쟁이 일어난 것은 녹색혁명의 진행 과정 민주적이지 못한 데에서 기인한다. 강제적으로 종자를 보급하고 다른 품종을 파종한 못자리를 훼손하는 등 절차에 문제가 많았다. 보상을 하는 과정도 비민주적이며 균등하지 못했다고 한다.

한국의 녹색혁명은 그간 찰기 있는 쌀밥을 먹어 온 한국 사람들이 푸석한 안남미安南米와 같은 미질의 통일계 벼에 대한 거부감으로 미군 PX를 통해 흘러나오는 칼로스 쌀Calrose rice을 질 좋은 쌀로 받아들이게 하는 기현상을 발생시켰다. 이러다 보니 국민들의 수입쌀에 대한 거부감까지 절로 줄어들었다.

또 이 녹색혁명의 근간에는 화학비료가 있다. 현재 우리 농토를 산성화시킨 주범이 바로 화학비료다. 녹색혁명은 복합비료를 탄생시키고 농토를 망가트리는 동시에 화학공업의 성장을 이끌어 냈다. 결국 우리나라는 세계에서 단위당 가장 많은 비료를 뿌려대는 나라가 됐다. 과다한 비료의 사용은 쌀의 품질을 떨어트리기도 한다.

군대식으로 밀어붙이기로 추진한 농업 정책이 가져온 폐해는 이렇게 우리가 생각하지 못한 결과를 만들어 냈다. 농민들의 위기감도 여기서 출발하고 있다. 우리 농업의 지속가능성에 대한 반성이 나오는 것이다. 우리가 입이 닳도록 칭송해 마지않는 녹색혁명의 결과가 정확히 분석된 것인지 의구심이 든다. 녹색혁명으로 농촌이 잘살게 되고 쌀의 자급이 이뤄진 것으로만 미화되고 있다는 사실을 바로 잡을 때가 되었다.

역대 정권은 쌀 수입에 대한 입장은 농민들과 같이 했다. 그러나 농업정책

농민들이 2015년 5월 21일 'WTO쌀 협상, 쌀값폭락, 밥쌀용 쌀 수입'에 반대하며 경찰 앞에 모를 쌓았다. ⓒ민중의소리

은 반대 방향으로 진행했다. 녹색혁명 조차도 그러했다. 일부 농민들을 제외한 누구도 이런 정책 방향에 대해 깊이 있는 성찰을 하지 못하는 현실 속에서, 쌀 수입개방은 우리 농사를 종말로 몰아넣고야 말았다.

미국의 원조 농산물은 우리를 구원했을까

한국 농업을 절명 상태로 만든 미국의 PL480호

가난했던 어린 시절, 우리는 수제비를 참 많이 먹었다. 난 요즘도 매운탕에 들어간 수제비를 잘 먹지 않는다. 그러나 내 또래들은 쫀득한 수제비를 꼭 더 넣어 달라고 해서 잘도 먹는다. 어렸을 때 맛있게 먹었던 기억 때문에, 그 추억의 맛으로 먹는다는 것이다. 요즘 젊은이들이 좋아한다는 '치맥치킨과 맥주'은 확실하게 우리의 입맛이 변했음을 증명한다. 일대 전환이다. 그 사이 무슨 일이 일어난 것일까.

해방 후 1950년대에는 식량 자급률을 높이기 위해 '미곡증산 5개년 계획'과 '맥류증산 5개년 계획'을 제1차1953~1957와 제2차1958~1962로 연이어 실시하고, 3차 식량 증산계획은 5.16 이후 1962년부터 시작되는 제1차 경제개발 5개년 계획의 일환으로 계속되었다. 그 밖에도 종자 개량 계획이나 채소 증산 5개년 계획1958~1962, 과일 증산 5개년 계획1958~1962과 같은 부차적인 증산 계획까지도 함께 수립해서 실시했다.

이는 절대빈곤사회를 벗어나 보려는 몸부림이었다. 그러나 혼란기의 정책은 제대로 수행되지 못했다. 그 이유는 시급히 해결해야 하는 식량 문제와 예산 문제, 국민들의 의식 수준, 공무원들의 의욕 문제가 복잡하게 얽혀 있었다. 그런 와중에 UN과 미국의 원조가 이승만 정권의 위기를 넘기는 중요한 지렛대 역할을 했다. 미국의 잉여 농산물 처리와 한국의 빈곤이 서로에게 적당한 이익을 선사한 것이다.

1953년도 당시 소맥小麥, 밀 및 면화의 경우 미국 내 잉여 농산물 적체량이 1년 치 이상에 달할 정도였다고 한다. 이때 미국은 2차 세계대전 종전과 함께 농산물 과잉 생산 문제에 고심하고 있었다. 미국의 농산물 해외 원조는 과잉 생산 문제를 해소함과 동시에, 군사비 부담을 타국 정부에 전가시키는 역할을 했다.

과거 미국 원조 밀가루로 만든 수제비를 먹었고 지금까지 좋아하게 된 장년층, 옥수수로 먹여 키운 닭의 고기가 중심인 치맥을 부르짖는 젊은이들. 이들의 입맛이 바뀌게 된 뒤에는 우리가 잘 알지 못한 미국의 능구렁이 속셈이 있었던 것이다.

지난 2010년 튀니지의 재스민 혁명으로 '아랍의 봄'이 촉발됐다. 이는 이집트의 무바라크 축출 운동으로 이어졌다. 표면 상 무바라크 30년 독재가 발단이라곤 했지만, 이 같은 개혁 요구의 바탕에는 이집트인들이 주식으로 먹는 '에이시' 빵값의 폭등에 있었다.

이집트의 '에이시'를 만드는 밀가루엔 미국의 원조 밀가루가 23% 넘게 들어가 있었다. 미국은 이점을 이용해 무바라크를 꼭두각시로 이용해먹었다. 그러고도 미국은 민중항쟁을 보고 무바라크 30년 독재를 끝장내야 한다고 너스레를 떨었다. 도대체 이런 일은 어떻게 가능했을까.

미국엔 MSAMutual Security Act, 상호안전보장법이라는 것이 있다. 1951년 만들어졌으며 미국이 자유진영 나라들에게 원조하는 내용을 규정한 법이다. 1954년 이 법을 개정하면서 원조를 제공받는 국가가 원조액의 일정 비율을 할당해 미국의 잉여 농산물을 구매하도록 하는 규정 402조를 신설했다.

우리나라도 1955년부터 MSA에 의한 원조액 중 약20%를 잉여농산물 구매에 사용하는 내용으로 미국과 협정을 맺었다. 1955년~1960년까지 이 협정에 근거해 도입된 미국의 잉여농산물 중 44%가 원면이었고 그다음이 인견사, 소맥, 대맥 순이었다. 양곡보다는 원면을 비롯한 원료 농산물이 다량 도입되었다. 잉여농산물을 판매한 대금은 MSA의 취지에 부합되는 곳에 사용키로 되어 있어 대부분이 국방비로 들어갔다. 미국의 한국에 대한 경제 원조 중 가장 군사적인 성격이 강한 것이었다. 이후 1961년, 이 협정은 종결된다. 미국은 한국에 대한 잉여농산물 원조를 PL480농산물수출원조법호에 근거한 것으로 단일화했다.

미국은 농산물 수출을 확대하기 위해 수출 보조금 프로그램, 수출 진흥 프로그램, 수출 신용보증 프로그램, 식량 원조 프로그램 등 각종 수출 지원 프로

농사의종말

그램들을 오래 전부터 운용해 왔다. 그것은 미국의 농산물, 특히 곡물의 70%는 수출되어야만 미국 농업이 지속 가능하기 때문이었다. 전 세계를 통틀어 가장 많은 곡물을 생산하고 수출해야 하는 미국은, 농부들에게 수많은 보조금을 쥐어주고 곡물을 싸게 내다 팔 수 있도록 보장하고 있다.

이 같은 정책 방향의 근거 중 하나가 PL480호인 것이다. 이 또한 판매 수익의 50% 이상을 미국 군수물자 수입에 쓰도록 되어있어 군사적 성격의 지원이라고 볼 수 있다.

MSA 402조에 의한 면화 수입을 눈여겨 볼 필요가 있다. 일제는 우리 민족에게 생산량이 풍부한 목화를 엄청나게 심도록 했다. 그러나 미국으로부터의 면화 수입은 목화 재배를 그만두도록 하고 말았다. 지금 목화를 보려면 목포 고하도 면화 시배지나 가야 한다. 우리나라 학자나 관료들은 미국의 면화 재배지역을 둘러보고 우리는 목화를 심지 않는 것이 옳았다고 주장한다. 경쟁력이 있을 수 없다는 논리다.

반면 PL480호가 적용될 시기 무상 원조 형식에 의한 잉여농산물 도입 내역을 보면, 소맥이 36%, 대맥 17%, 쌀 17%, 원면 11%였다. MSA 402조에 의한 원조와 달리 양곡 원조로 중심이 옮겨 갔다.

1963년부터는 무상 원조가 아닌 장기 차관 형식으로 그 도입 방식이 바뀌었다. 농산물 판매 대금은 규정에 따라 10~20%는 미국이 사용하고, 나머지 80~90%는 국방비에 전입되어 미국으로부터 군사 물자를 구입하는 데 사용되었다.

　앞선 통계 자료를 보면 우리가 어린날 왜 미국 밀가루를 많이 먹게 됐는지 어렴풋이 짐작이 된다. 나라에서 밀가루를 배급받으면 그만한 대가를 치러야 했다. 요즘 같으면 사회적 일자리 방식이다. 농촌에서 저수지를 준설하거나 도로를 닦거나 제방을 쌓거나 하는, 하여간 일을 하면 밀가루 몇 되를 자루에 담아 올 수 있었던 것으로 기억한다.

　그러면 어머니는 그 밀가루로 손쉬운 수제비를 끓였다. 수제비는 간장으로 만 간을 해 먹어도 되는 간편식이기에 일에 지친 어머니의 손을 더는 데도 그만이었다. 이는 농촌에서 상경한 도시의 여성 노동자들에게도 적용돼, 저임금 장시간 노동을 버틸 수 있게 했다. 그렇게 알지도 못하는 사이에 미국산 밀가루는 우리의 배를 채우고 몸속으로 들어왔다.

　PL480호는 미국의 법이다. 한국 정부는 그 법에 의한 협정을 통해 국방비를 채웠다. 대신 영원히 지속되어야 할 우리 농사를 미국에 내주는 결정을 한 셈이다. 그러니까 우리 농사는 미국의 농업과 군수 산업에 잡아 먹힌 꼴이다.

　미국 정부는 가난한 나라에 원조를 해주어 인도적 국가로서의 위상을 키우고 아시아에서의 공산주의 억제라는 정치적 목적을 달성했다. 또 만성적인 문제인 농산물 과잉을 해결하고 신생 독립국가에 대한 선진국 독점 자본의 시장 확보라는 정치적 과제를 풀어냈다. 더 중요한 것은 정치적 영향력이 막강한 두 집단, 즉 군산복합체와 농산복합체를 미국 경제의 두 축으로 세우

농사의 종말

고 세계에 막강한 영향력을 행사할 수 있게 되었다는 점이다. 이렇게 미국은 세계 무역질서는 물론 군사적 질서까지 자신들의 입장에서 만들어 갈 기초를 닦았다.

과연 한국은 미국과의 각종 원조 협정으로 얻은 것이 더 많을까. 따져볼 필요가 있다. 내 생각엔 우리나라는 이 협정으로 얻은 것보다 잃은 것이 훨씬 크다. 농산물 시장의 종속과 미국의 군수 산업 틀 속에 갇혀 버렸다. 지금까지도 미국 곡물 산업과 방위 산업의 주요 시장이 아닌가. 이를 두고 경제학자들은 밀의 덫Wheat trap에 빠졌다고 한다.

그보다 더 큰 문제는 우리농사의 괴멸이다. 면화가 사라지고 밀이 사라졌다. 콩이 사라지고 이젠 쌀이 사라질 차례가 됐다. 지난 정부들의 쌀값 연착륙 정책은 우리 쌀을 사라지게 만드는 정책이었다. 관세화 이후 들어올 의무가 없어진 식용 쌀을 계속 수입하는 저간에는 정치적 논리가 작용하고 있다. 그 단초가 MSA 402호와 PL480호 같은 강대국 논리로부터 비롯된 것이다.

아직도 PL480호는 '식량으로 제공되는 차관은 미국이 편리할 때 제공한다'는 규정을 가지고 있다. 이를 통해 후진국을 휘어잡는 것이다. 무바라크의 독재 아래 30년을 신음한 이집트 민중들은 미국의 PL 480를 통한 독재 지지를 눈치챘을까? 국제 농민단체가 PL480호와 관련해 DDADoha Development Agenda 협상에서 끈질기게 이의를 제기한 것은 전 세계가 미국의 시장으로 전락하는 것에 대한 걱정 때문임을 알아야 한다. 아이젠하워 대통령이 PL480

호의 입법 목적을 "미국과 다른 나라 국민들의 항구적인 이익을 위해 농산물 수출을 지속적으로 확장할 수 있는 기초 다지기"라고 한 데서 미국의 입장을 확인할 수 있다.

반대로 한국 정부의 정치적 입장은 어떤가? 아직도 비판적 성찰 없이 굶주린 국민들의 배고픔을 해결해줬으니 그만한 정책이 어디 있었냐며 큰소리 치고 있다. 이승만은 이 문제를 우리의 미래를 위해 충분히 걱정한 후 결정했다고 했다. 학자들은 그 논리에 손을 들어 주었고 관료들은 자신들의 배를 채우기 위해 발 빠르게 움직였다.

PL480호로 들여온 농산물로 이득을 본 것은 눈치 빠른 관료며 재벌들이다. 그들의 비리는 세상에 다 알려진 것들이다. 배고픈 국민들에게 돌아가야 할 무상 밀가루를 부역을 시키고는 배급했다. 또 일정 분량은 배급에 쓰이지 않고 증발했다. 관료와 재벌은 떼어먹을 수 있는 것은 모두 떼어먹었다. 아니 떼어먹을 명분을 만들어냈다. 관료들은 자본을 키운다며 기업에 특혜를 주고 달콤한 떡고물을 챙겼다.

1964년 1월 15일 삼민회 대표 박순천 의원이 재벌들이 폭리를 취하고 있고, 여당인 공화당은 이를 이용하여 정치자금을 챙기고 있다고 국회에서 폭로했다. 이를 통해 세상에 알려진 사건이 '삼분폭리三粉暴利 사건'이다. 국민 생활, 경제건설의 필수품이었던 설탕, 밀가루, 시멘트를 유통하는 재벌 기업들이 독과점적 지위를 이용하여 세금 포탈을 저지르고 폭리를 취했다. 이를

농사의 종말

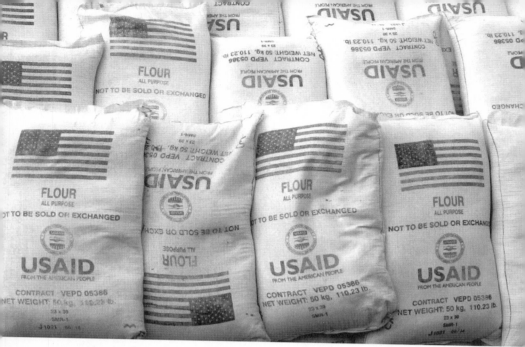

미국 원조 밀가루 ©US AID

눈감아준 공화당 정권은 그 대가로 거액의 정치자금을 챙긴 것이 이 사건의
전모다.

당시 문제가 된 기업들은 설탕은 제일제당현 CJ, 밀가루는 대한제분, 시멘
트는 동양시멘트와 대한양회 등이다. 이 사건이 삼성 소유 한국비료주식회사
의 '사카린 밀수 사건'이다. 대한제분은 미국의 잉여 원조 밀가루를 다섯 배나
비싸게 팔아 폭리를 취했다.

미국의 잉여농산물이 흘러들어와 농사로 먹고 살기 어려워진 농민들은 너
도나도 호미 자루를 버리고 도시의 값싼 임금 노동자가 되었다. 그들의 노동
력은 다시 기업들의 자본 축적에 유용하게 이용되었다.

이러한 사실을 되짚어보면 우리 농업의 설계도는 미국의 PL480이 그린 셈이고, 한국의 정치가, 관료, 학자들은 미국과 한통속이 되어 농민이 농사짓는 일을 포기하게 만들었다. 아예 설계도조차 만들지 않고 미국에 위탁해버린 것이다. 그 결과 미국 농산복합체는 우리의 입맛을 의도한 데로 바꾸는 데 성공했고, 한국 농사꾼들은 농사에서 손을 떼어야 하는 상황에 놓였다. 그것이 미국의 의도였다는 것을 이제야 우리는 알게 됐다.

필자는 미국에 가지 못한다. 여행금지자 목록Black list에 등재돼있기 때문이다. 그러나 미국을 다녀온 사람들의 이야기는 들었다. 시카고에서 로스앤젤레스로 향하는 비행기 안 1만 피트 상공에서 내려다보는 미국의 곡창지대는 그야말로 장관이란다. 농가는 점같이 보이고 작은 비행기가 경지 위를 날벌레처럼 나는 모습은, 우리 농촌에선 보도 듯도 못한 또 다른 세계였다고 한다. 사각형의 경지에 중심축을 두고 빙빙 돌아가며 경작을 하는 장치가 있는데 이는 관수와 농약과 파종 등 모든 것을 할 수 있는 거대한 플랜트 장치라고 한다. 지금 이런 방식으로 경작을 하는 미국의 농산복합체들이 남미와 아시아에 거대 플랜트 농장을 운영하며 저개발 국가들의 경제 침략에 나서고 있다.

한국 농업을 절명 상태로 이끈 원인은 우리 농업 내부에 있는 것이 아니다. 농업 외부의 정치·경제에 있다. 농업을 책임지는 수장이 '농지 규제를 풀어 농민들이 재산권 행사를 자유로이 해주는 것이 어떻겠냐고 했다는 데에 말문이

농사의종말

막힐 뿐이다. 청와대 국무회의에서 농업 문제가 나오면 이제 그만하자는 볼멘소리가 나온다고 한다. 핵심 사안에서 의도적으로 농업 배제를 하는데 이어, 이제는 농민 달래기 정책마저도 귀찮아하게 된 것이다.

지금 국민들은 지천으로 쏟아져 들어오는 수입농산물을 두려워하지 않는다. 자신들의 주머니를 털어간다는 생각도 없다. 안전하고 안정적으로 공급되기만을 바라는지 모르겠다. 그러나 농산물 시장은 언제나 불안할 수밖에 없다. 정치적 이유에서 환경적 이유에서 그렇다.

필자와 함께 낙농을 하던 후배가 소를 모두 팔고 남미에 넥타이 장사를 다녀와서 하던 말이 기억난다. "형님 우리나라 농사로는 안돼요. 남미의 농사를 따라갈 수 없어요. 농사 그만하세요." 그는 남미를 갉아먹는 미국 농산복합체의 플랜트 농업을 보고 이 말을 한 것이다. 이쯤 되면 PL480호는 오늘날 우리 농업의 절명 상황에 쾌재를 부르고 있지 싶다.

끝나지 않는 욕망의 분출구, 땅

부실한 농지개혁과 허울뿐인 경자유전 원칙이 부른 LH 사태

2021년 3월, 한국토지주택공사 LH 직원들의 땅 투기에 대한 국민적 원성이 날로 높아져, 정가의 돌풍을 일으키고 있다. 특히 "진짜 농민"들의 분노와 상대적 박탈감은 그 어느 때보다 높아가고 있다.

필자가 살고 있는 평택에는 오랫동안 세종대 재단인 대양학원을 상대로 토지 투쟁을 했던 신대리, 도두리 벌판이 있다. 신대리, 도두리 주민들은 1987년 민주화 과정에서 지주의 횡포에 맞서 싸웠다. 농민들은 그해 11월 대양학원 이사장실을 점거하는 등 강경하게 투쟁했다. 간척 농지 현지에서도 농성을 전개해 1996년까지 투쟁이 지속됐다. 10년 넘게 집단행동이 이어졌고, 결국 농민들은 간척을 허가한 경기도에 책임을 묻게 됐다.

싸움의 발단은 대양학원이 땅을 관리하지 않은 상태로 지내다가 번듯한 농지로 변모하고 난 다음 소유권을 주장했기 때문이다. 대양학원 행동은 의도적으로 이 땅에 둑이 터져 바닷물이 들어왔는데도 방치한 것이라는 의심을 사기에 충분했다. 애초에 이 땅은 적산농지였기에 농지개혁 대상 첫 번째였

농사의 종말

다. 농지개혁 대상에서 제외시킬 의도로 방치한 것으로 짐작할 수 있다.

비슷한 시기에 부안의 삼양사 농장의 토지투쟁도 민주화 과정에서 농민들의 주요 투쟁으로 등장한다. 1949년 시작된 농지개혁에서 제외된 전북 고창군 소재 해리면과 심원면의 삼양사 소유 토지 소작 농민들의 '내 땅 찾기 운동'은 1985년 처음 제기됐다. 형식적이었던 1949년 토지 개혁과정에서는, 10여 년 간 소작을 주고 있던 삼양사 소유의 고창 간척지가 미간척지로 둔갑돼 농지개혁 대상에서 아예 제외됐다. 1985년 4월, 고창 삼양사 소작 농민들은 '삼양사 소작답 양도추진위원회'를 결성하고 각 계에 청원서를 냈다. 같은 해 8월에는 고창군 심원면 궁산 저수지에서 집단적인 시위를 벌이는 등 조직적인 투쟁을 벌였다.

2008년 있었던 충남 태안 파도리, 모항리 농민들의 토지 투쟁도 이와 비슷한 사정으로 일어났다. 학교법인 송설당 교육재단은 이 지역 간척지에 소작을 주고 수십 년 간 방치했다. 그리고는 농민들이 피땀 흘려 이를 옥토로 만들자 갑자기 팔겠다고 나섰는데 그 금액이 터무니 없이 높았다. 이에 분노한 농민들이 투쟁에 나선 것이다.

여기서 주목할 것은 이 같은 사건의 원인 제공자들이 '사학재단'과 관계가 있다는 점이다. 과거 일부 재력가들이 사학을 설립하면 토지개혁으로 인한 피해를 줄일 수 있다고 생각해, 사학을 세우고 재산을 재단 산하에 넣었다. 이 재력가들 중 상당수는 일제 식민지 시대에 부를 축적한 사람들이었다. 섣불리 그 시기 세워진 사학재단이 전부 친일사학이라고 할 수는 없지만, 본 교육 시설이 있는 부지와 뜬금없이 먼 곳에 학교 재단 소유의 땅이 상당수 있다면 의심해 볼 법하다.

이들은 당시 '토지개혁'이 사실상 '농지개혁'이란 점을 악용했다. 농지는 유상몰수 대상이었지만 임야나 염전 등은 제외 되었기에 주로 해안 지역의 농지가 염전으로 변이 되는 과정에서 분란의 단초가 만들어졌다. 임야도 밭이나 논으로 이용되는 경우가 많은데, 실제 이용 여부와 상관없이 지목이 임야로 되어 있으면 대상에서 제외되었다. 이는 현재까지 그대로 존속되고 있다. 지목과 상관없이 농지로 사용하면 농지인데, 법적·행정적으론 농지로 적용되지 않는다. 당시나 지금이나 행정이나 법의 한계가 그대로 드러난다.

살기 어려운 시절, 한 뼘의 땅도 농민들에겐 귀중한 것이었다. 일제강점기 때 오죽하면 땅을 찾아 북간도나 사할린까지 떠났겠는가. 이 땅에 남은 사람들은 바닷가에 둑을 막고 짠물을 퍼내 농지를 만들었다. 둑이 파도에 휩쓸리려 하면 몸으로라도 막는 간난艱難의 시간을 보내며 그 자리를 지켰다. 그렇게 만들어 낸 땅이다. 농민들은 아마 하늘이 내린 땅이라고 생각하며 농사를 지었을 텐데, 어느 날 갑자기 어느 놈이 나타나 '내 땅이니 내놓으시오' 하는 청천벽력이 떨어진 것이다. 지주들은 농지개혁을 피하려고 잔꾀를 부리다가, 갯벌이 농지로 안정화된 모습을 보고는 손 안대고 코푸는 식으로 등장해 '주인입네' 하는 것이다. 그러니 농민들은 목숨이 다하는 날까지 싸울 수밖에 없

농사의 종말

는 처지에 놓인 것이다.

1945년 당시 80%에 달하는 소작농민들은 고율의 소작료로 극심한 가난에 시달렸다. 이들이 겪는 고통은 일제 치하나 마찬가지였다. 미군정은 그해 10월 군정법령 제9호로 소작료를 수확량의 3분의 1 이하로 제한했다. 같은 해 12월에도 군정법령으로 일본인 소유 토지와 재산 즉 귀속재산 관리를 군정청이 하도록 했다.

1946년 2월, 미군정은 법령으로 귀속재산을 동양척식회사의 후신인 신한공사에 귀속시켜 귀속 농지라 규정하면서 농지개혁 기본정책 수립에 착수했다. 3·7제의 가혹한 소작료를 지불하는 농민들의 불만은 폭발 직전이었다. 특히 해방과 더불어 민주의식과 평등의식이 상승하였고 이로 인한 사회적 혼란은 농지개혁을 서두르게 했다.

이런 가운데 북한의 농지개혁은 '무상몰수 무상분배' 형식으로 발 빠르게 진행되었다. 이는 한반도에서 일어난 중대한 사회 개혁 하나로 꼽힌다. 작가 이기영은 소설 『개벽』에서 "정말 눈에 안 보이는 개벽을 해서 하룻밤 사이에 이 세상을 뒤집어엎었다"고 토지개혁 상황을 묘사했다. 전국적인 규모로 진행된 토지개혁이 불과 26일 만에 마무리될 수 있었던 것은 농민들의 전폭적인 지지가 있었기에 가능했던 일이다.

이북의 농지개혁 추진은 남한의 농지개혁에도 적지 않은 영향을 끼쳤다. 그러나 당시 남한의 국회는 지주계급으로 이뤄진 한국민주당이 다수 의석을 차지하고 있었다. 이들은 위기감을 느끼고 자신들을 위해 농지개혁 시도를 무력화하고 만다. '정부 수립 후 농지 개혁을 실시하자'며 반대했고, 그 시간 동안 갖은 수를 다 써 자신들의 농지를 지키는데 혈안이 되었다.

법 제정 이전에 매매된 일부 농지는 농지 개혁에 따른 조건보다는 높은 값으로 소작인에게 양도되었다. 바로 그 점을 노린 것이 한민당 계 지주 출신 국회의원들의 의도적인 입법연기 활동이었다. 따라서 전체 소작지가 이와 같이 농지개혁이나 또는 이에 준하는 조건으로 모두가 자작지화 된 것은 아니었다.

농지분배가 지연되자 농민들의 불만이 심화되었다. 조정래의 소설 『태백산맥』에서는 염상진이 보성군 율어면을 해방시키고 농지분배를 단행해 농민들의 지지를 이끌어 낸다. 또한 빨치산 토벌군 심재모와 김범우의 대화에서는 좌우익이 갈등이 심각하게 된 이유가 친일 지주와 소작농과의 관계때문이라고 설명한다. 친일 지주들은 극심한 수탈을 하며 8할에 달하는 전대미문의 소작료를 거두었다. 해방이 되었으니 친일 지주들을 몰아내고 농민들에게 땅을 돌려줘야 할 텐데, 우익인 한민당 세력이 미적거리고 있으니 농민들이 좌익에 협조하는 형국이 된 것이다.

상황이 이렇게 되자 미군정 당국은 1948년 3월 11일 과도정부법령을 공포하여 신한공사가 관리하고 있던 귀속 농지에 한해 우선 농지개혁을 단행하였다. 이것이 미군정에 의한 1차 농지개혁이다. 당시 원칙은 '유상매수와 유상

농사의종말

분배'였다. 이는 이후 농지개혁의 고율 상환 채무를 농민에게 지우는 빌미를 주는 조건이 되고 말았다. 농지 가격도 해당 농지에서 생산되는 연간 생산량의 300%의 현물로 하도록 했다. 지불 방법은 연간 생산량의 20%씩을 15년간 상환하도록 하는 것이었는데, 이는 또 다른 수탈이라고 하지 않을 수 없다.

1948년 7월 17일 공포된 대한민국 헌법 제86조에서는 농지개혁 실시에 관해 "농지는 농민에게 분배하며 그 분배의 방법, 소유의 한도, 소유권의 내용과 한계는 법률로써 정한다"라고 규정했으며 그에 기반해 1949년 6월 21일 농지개혁법이 제정·공포되었다. 당시 한민당 지주 세력의 힘을 약화시켜야 할 필요를 느꼈던 이승만은 농지개혁을 주장하는 조봉암을 농림부장관으로 임명하여 농지개혁을 실시하도록 한다.

조봉암은 이승만이 손을 뻗자 과감히 이를 잡았다. 피차 간에 필요한 일들이 있었기 때문이다. 이승만 입장에서는 조봉암이 국회에서 인준 가능한 인물이었고 한민당 지주 세력의 힘을 뺄 수 있는 유일한 사람이기도 했다. 또 행정부 내에 좌우 균형을 맞춘다는 점까지 계산에 넣은 것으로 보인다. 조봉암으로서는 농지개혁을 자신의 손으로 한다는 것과 함께 이승만과 같은 거물 정치인으로 발돋움하는 기회가 될 것이었다. 이후 실제 유력 정치인으로 성장한 조봉암은 이승만의 북진통일론에 반대하며 평화통일을 주장했다는 빌미로 1959년 사법살인당한다.

1950년 3월 10일엔 이 법의 개정 농지개혁법이 공포되었으며, 3월 25일 농지개혁법 시행령, 4월 28일 시행규칙이 공포된다. 이로써 농지개혁은 본격 실시 단계에 접어든다. 농지개혁법에 의하여 몰수 또는 국유화된 농지와 소유권 명의가 분명치 않은 농지는 정부에 귀속됐다. 농가가 아닌 자의 농지, 자경하지 않는 농지, 법 규정의 한도를 초과하는 부분의 농지3정보 이상, 종묘포種苗圃·상전桑田 등 숙근성宿根性 작물 재배 토지를 3정보 이상 경작하는 자 소유인 숙근성 작물 재배 이외의 농지 등은 적당한 보상해당 농지 생산물의 150%을 하고 정부가 매수하도록 규정했다.

그러나 농지개혁은 6.25 전쟁으로 지지부진하였고 제대로 이행되지도 않았다. 개혁이 지연되는 동안 소작지는 감소되어 1949년 6월 21일 기준의 한 농가 실태조사에 의하면 분배대상 농지는 60만 1,049정보밖에 되지 않았으며, 실제 분배된 면적은 일반농지와 귀속 농지를 합쳐 60만 4,867정보에 지나지 않았다.

이것은 개혁이 지연되는 동안 많은 소작지가 자작지화 됐고, 분배 과정에서 제외되거나 누락되는 농지들이 많았기 때문이다. 농지개혁 법안이 국회에서 상정될 것 같다는 소문이 돌자, 지주들은 토지를 반농층에게 강매하였고, 몇몇 지주들은 반농에게 토지를 사 신흥지주계급이 되기도 했다.

'토지개혁'이 아니라 '농지개혁'이란 점을 악용하는 지주들도 있었다. 말 그대로 농지에만 한정된 개혁이라 임야 등은 제외되는 상황을 이용한 것이다. 당시 바닷가 논을 염전으로 바꿔, 농지 개혁 대상에서 벗어나려는 행각이 벌

농사의 종말

어지기도 했다. 이 짓을 벌인 사람이 바로 한민당 당수 김성수를 비롯하여 유력자들이었다. 이들의 행위가 앞서 예를 든 1980~90년도 농민들의 토지 투쟁으로 이어진 것이다.

또 소위 '문중 땅'이 문제가 되는 경우도 많이 있었다. 농지개혁에 대비해 같은 집안사람에게 농지의 명의를 이전해 분배 대상 토지가 되지 않게 하기도 했다. 이로 인하여 남한의 농지개혁은 결국 불완전한 개혁이 되고 말았다.

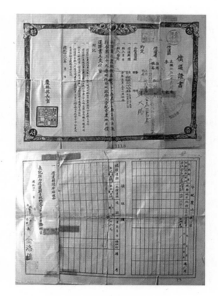

농지개혁 분배 농지 상환증서 ⓒ한도숙

분배농지의 합계는 귀속 농지 29만1000ha와 한국인 소유농지 32만2,000ha를 합해서 모두 61만3,000ha에 이르렀다. 1945년 8월 15일 광복 당시 소작지 144만7,000ha의 42.4%에 해당하는 61만3,000ha만이 '농지개혁법'에 따라서 분배된 셈이며, 나머지 57.6%인 83만4,000ha는 지주들이 자경·임의처분·은닉 등을 통하여 개혁 대상에서 제외된 셈이다.

이런 와중에 필자의 아버지는 다행스럽게 농지 분배를 받았다. 650평의 하늘바라기 논이지만 소작농으로 근근이 연명하던 아버지에겐 엄청난 힘이 되었을 것이다. 정조正租 5석7두1승벼 다섯 가마 일곱 말을 1950년부터 1954년까지 상환하였다. 6.25 전쟁 통에 어렵게 상환했을 것인데 어찌 된 영문인지 모르지만 상환증서만 있고 땅문서는 없다. 등기 절차를 하지 않은 것으로 보인다. 아버지가 땅을 떠나서인지 모르지만, 아무튼 1991년 필자가 그 땅을 구입해 과수원으로 만들었다.

결국은 일제강점기 대부분 지주가 농지개혁 이후에도 계속 지주가 되어 우리 사회에서 막강한 기득권을 행사했다. 그들은 최근 그러한 사실을 감추기 위해 교과서를 뜯어고치려 시도하기도 했다. 한 세대 전에 했던 낯 두꺼운 행위를, 그 후대들이 이어받은 셈이다. 과거 자신들의 행위를 정당화시켜 기득권을 확고히 하려고 한 것이다.

농지개혁에 대해 일부 학자들은 반쯤은 성공했다고 의미를 부여한다. 그러나 이후 자작농 육성책 부실, 농지 제도 사후 관리 제도 미비, 도시화·산업화에 따른 농민의 농촌 이탈 등 여러 가지의 요인이 작용해 하나마나한 농지개혁이 되었음은 부인하지 못할 것이다.

그동안 헌법 조항의 경자유전耕者有田, 농지의 소유자격을 원칙적으로 농업인과 농업법인에게만 부여함을 무력화시킨 장본인들이 누구였나? 전국의 농토를 땅 투기장으로 만들고 농민들에게 땅을 빼앗아 투기자본으로 농업을 말살시킨 세력들이다. 농민들은 '임대농'으로 이름만 바뀐 소작농으로 전락했으며, 이제는 농업개방정책으로 살아날 구멍조차 없는 상황으로 치닫고 있

농사의 종말

정세균 국무총리를 비롯한 국무위원들이 2021년 3월 18일 예결위 전체회의에 출석해 LH 투기 의혹 관련 질의를 경청하고 있다. ⓒ민중의소리

다. 다 과거 농지 개혁이나 반민족행위자 처벌을 '술에 술 탄 듯, 물에 물 탄 듯'

한 것이 오늘의 사태를 불러온 것이다.

우리에게 땅이 있다면 얼마나 좋을까

울 어머니 살아생전에 작은 땅이라도 있었으면

콩도 심고 팥도 심고 고구마도 심으련만

소중하고 귀중한 우리 땅은 어디에

1993년에 발표한 한돌의 노래 가사이다. 이 노래의 가사는 구전되던 것을 수집한 것으로 보인다. 우리가 어렸을 때도 이와 비슷한 노래를 불렀던 것으로 기억한다. 농민에게 땅은 곧 하늘이다. 땅이 없으면 농민이 될 수 없는 것이기 때문이다. 지난 역사 속에 땅을 찾아 떠나는 농민들의 행렬은 참으로 길고 지난했다. 지리산 피아골 계곡에 다랭이 논과 삿갓배미 일화는 농민에게 땅이 어떤 존재였는지를 여실히 보여주는 증표다. 남해 다랭이 마을도 땅의 포한을 채우지 못한 농민들의 끈질긴 투쟁의 결과물이다.

　전국농민회총연맹은 앞서 17기 대의원 대회를 통해 농민들의 농지문제를 바로 잡겠노라고 다짐한 바 있다. 농지 제도가 현실과 괴리가 있고 헌법 불합치적인 측면도 있기 때문에 손을 봐야한다는 것이었다. 더 늦기 전에.

농사의 종말

땅 투기를 부른 '누더기' 농지법

하위 법률에 유린된 헌법 제121조 '경자유전의 원칙'

LH 사태가 일파만파로 번지고 있다. 책임을 져야 하는 사람이 누구인가를 두고 정치권이 공방을 하는 동안, 여기저기서 투기성 농지 매입 사실이 드러나 충격을 주고 있다. 특히 문재인 정부의 농업정책을 구현해보겠다고 나선 농림부 차관의 평택 땅 투기가 드러나 농민들은 분노를 넘어 망연자실한 상태에 이르렀다. 그뿐 아니다. 2021년 초 고위 공직자들의 농지 소유 실태가 고발될 때 농식품부 장관이 999평방미터의 농지를 보유하고 있음이 드러났으나, 여태 이렇다 할 변명조차 하지 않고 있는 중이다. 무엇을 어디에서부터 누구와 함께 바로 잡아야 할지 분간할 수 없는 혼돈의 세상의 돼버린 것 같다.

현 정부가 들어서서 무엇을 했는지 알 수가 없다. 장관으로 임명된 자들의 눈엔 농식품부 장관 자리는 정치적 욕망을 달성하기 위한 징검다리에 불과했던 모양이다. 청와대 농업 비서관도 그렇다. 농민들의 문제가 정치적으로 풀 수 있는 과제가 아닌 것으로 되고 있다. 현 정부에 건 기대만큼 수습할 때까지 긴 시간을 기다려왔다. 그랬는데 결과는 엉망이다.

답답한 농민들이 청와대 앞에 자리를 깔고 단식 농성에 돌입했다. 필자도 동참했다. 그러나 돌아오는 것은 해산 강요 뿐이었다. 같이 일하고 같이 시위 했던 자들이 정책 관련 고위직을 차지하긴 했지만, 여전히 농민들의 요구는 불편하니 해산하고 기다리라는 답이었다. 물론 그들의 고충을 이해 못 하는 바 아니다. 청와대 실무진이나 국회가 농협개혁안을 만들어도 정부 관료들의 눈엔 농업이 보이지 않는 게 사실이다. 도무지 벽을 넘을 수 없는 현실 앞에, 그들이 한 선택은 다시 정치 일선으로 발걸음을 옮기는 것이었다.

박근혜 정권에서는 농사를 짓겠다는 농민들의 외침에 폭력적으로 답했다. 물대포를 쏴 무릎을 꺾고, 규제를 풀어 우량 농지를 기업에게 싼값으로 공급 하겠다고 밝혔다. 아예 농민들이 물대포 앞에 설 수도 없이 근거지를 견벽청 야堅壁淸野, 성벽을 굳게 하고 곡식을 모조리 거둬들인다는 뜻으로, 적의 양 식 조달을 차단하는 전술해 버리겠다는 것이었다. 이것은 이제부턴 농사를 짓지 말라는 의미였다. 농부들이 농사를 짓는 것보다는 기업들이 공장 짓고 집도 짓고 하는 편이 경제를 활성화하는데 득이 된다는 주장이었다.

사실 그런 논리는 오래 전부터 있어왔다. 1994년 농지법 개정의 핵심은 규 제 완화였다. 이것은 심화되는 개방 농정의 반대급부라 할 수 있다. 정부는 UR우루과이라운드 타결 이후 쌀개방 등 농산물 개방의 여파를 막기보다는, 농사짓는 농민의 숫자를 줄이는데 초점을 맞춘 듯하다. 농민이 쉽게 땅을 팔 고 농촌을 떠날 수 있도록 돕는 정책이었다. 일부 농민들이 여기에 부화뇌동

농사의 종말

2018년 10월 농업·농정 적폐 청산과 대개혁을 촉구하는 시민농성단 농성장에서. ⓒ한도숙

附和雷同했다. 그러나 속내를 들여다보면 도시의 잉여 자본이 농지를 침범해 그것으로 한탕하려 한 것이다. 그렇게 할 수 있음을 사회 지도층이 땅 투기로 여실히 보여주었다.

　관료들은 이를 일부 농민들의 민원 때문이라고 하지만, 사실은 부재지주들의 요구였다. 부재지주들은 대부분 도시 근교의 개발이 용이한 지역에 땅을 선점하고 농민들에게 농지를 대여해왔다. 이 부재지주들이 누구인가. 이 사회의 주요 정·관계 인사들이다. 2008년 '직불금 사태' 당시 자료를 보면 고위 공무원, 정치가, 기업가들이 상당수의 농지를 보유하고 있었는데, 대부분이 위장과 탈법, 위법을 써 소유한 것으로 밝혀졌다.

2021년 2월 1일 한국농정신문은 "현직 국회의원 300명 중, 25%나 되는 76명이 본인 또는 배우자 명의의 농지를 소유한 '여의도 농민'인 것으로 조사됐다. 면적으론 약 40ha12만968평, 금액으론 133억6,000여만원의 땅이 '여의도 농민' 소유 농지다"라고 보도했다.

그보다 앞선 2020년 10월 20일, 경제정의실천시민연합은 정부 관료들의 농지 보유 실태를 조사해 공개했다. 정부공직자윤리위원회 관할 정부 고위공직자 중 '정기 재산변동사항 공개 대상자' 1,865명에 대한 조사 결과였다. 자료 수집이 가능했던 1,862명의 내역을 분석한 결과, 이 중 38.6%인 719명20년 3월 기준이 농지를 소유했다고 발표했다. 중앙부처가 200명, 지방자치단체가 519명이다. 이들이 소유한 전체 농지 면적은 311ha약 94만2,000평이며, 금액으론 약 1,360억원 규모. 1인당 농지가액은 평균 1억9,000만원에 달했다.

기업들도 상당한 농지를 소유하고 있다. 국세청에 따르면, 2007~2017년 동안 개인 소유 토지는 5.9% 감소했지만 법인 보유 토지는 80.3% 증가했다. 10년 동안 증가한 법인 보유 토지의 면적은 판교 신도시의 1000배, 여의도 면적의 3200배 규모에 달한다. 전체 토지 중 법인 보유 토지의 비중은 꾸준히 늘어 2007년 5.8%에서 2017년 9.7%로 뛰어올랐다. 특히 상위 1% 기업의 경우 토지 보유 면적이 140.5% 증가했고, 상위 10% 기업의 경우에는 97.1% 늘었다. 여기에는 이명박-박근혜 정권을 거치면서 법인세법 시행세칙 개정을 통

농사의 종말

해 기업의 비업무용 토지 관련 규정을 느슨하게 푸는 한편, 비사업용 토지 양도소득세와 종합부동산세 등을 완화해 법인의 토지보유 비용을 낮춰 준 것이 주요하게 작용했다. 기업들은 비업무용 토지 보유를 엄청 늘렸다.

이런 현실은 농지법이 헌법 121조를 유린하고 있기 때문에 만들어진 것이다. 1994년 이후 꾸준히 농지를 훼손해 농지 규모를 줄이도록 해왔던 추세의 결과물이다. 현 정부 들어 이뤄진 헌법 개정 논의에서 농민들은 헌법정신을 강화하는 것, 식량주권과 농민인권선언을 헌법에 반영할 것을 요구했다. 그런데 정부가 내놓은 안은 '지속가능한 농업'이라는 문구로 얼렁뚱땅 뭉뚱그린 것이어서 실망할 수밖에 없었다. [표1]

지난 2010년, 나는 당시 농식품부 장관과 독대해 점심을 먹을 기회가 있었다. 호박죽으로 입가심을 하는 사이, 장관이 말문을 열었다. "의장님, 농지를 자유화 하면 어떻겠소? 내가 현장을 살펴보니 여론이 그렇던데?" 나는 말문이 막혔다. 그리고는 튀어나온 말이 "장관님 인식이 너무 천박한 거 아니요?"였다. 점심 자리는 그대로 파하고 말았다. 가슴이 너무 아팠다. 농식품부 수장이 '농사를 지켜내야 하니 도와주시오' 부탁하는 게 아니라, '농사를 그만두게 해야 하니 도와 달라'는 꼴이었다. 통탄하지 않을 수 없었다. 밥상을 뒤엎는 것으로 강하게 대응했으니 그것으로 위안을 삼을 수밖에…….

이후 농지에 주어지는 직불금 마저, 농촌으로 가는 몫이 아니라 도시로 가는 몫이 되고 말았다. 사정이 그러하니 농식품부 장관이 자본의 용병으로 총

시기	관련 법	내용
1949. 2. 4.	농지개혁법	국무회의 통과, 2.5 국회 제출
1949. 5. 16.	농지개혁법 반환	국회 통과 농지개혁법에 이의서 붙여 반환
1949. 6. 21.	농지개혁법 공포	
1950. 3. 20.	농지개혁법 개정	농지개혁법 개정 공포, 3.25 시행령 공포
1953. 7. 12.	농지개혁법 중 금납제 개정안	국회 재통과
1954. 6. 21.	농지개혁법 기한만료	
1954. 12. 2.		농림부, 수복지구에 농지개혁법 적용 시사
1955. 5. 28.		국무회의, 농지개혁법 개정안 공포 결의
1955. 6. 14.		국회, 농지개혁법 개정법률 폐기안 철회 동의안 가결
1958. 4. 10.		농림부, 수복지구 농지개혁법 시행 특례 대통령령으로 공포
1959. 5. 5.		금강수전 수몰 예정 농지 10,728천평 중 6,883천평을 '농지개혁법'에 의거해 농민에 분배토록 지시
1966. 5. 2.		공화당, 정부에 농지개혁법 개정 연구 검토 요구

1972. 12. 18.	농지의 보전 및 이용에 관한 법률 제정	농지보전시책 강화, 농지전용허가제도 도입 논 및 경사도 15% 이하의 밭-다년생 식물재배 금지(1975) 우량농지를 절대농지로 지정(1975)
1980. 10.	농지의 임차 및 위탁 경영의 부분적 허용	헌법 제122조 임대차 및 위탁 경영을 허용 농지임대차관리법 제정(1986)
1987. 10.	경자유전원칙 규정	헌법 제121조에 경자유전의 원칙 규정(소작제 금지)
1988. 11.	농지개혁법 시행규칙 개정	농지투기억제를 위한 농지매매증명제도 운영 강화(전 세대원이 실제 거주 6개월 이상일 경우 증명 발급)
1990. 4. 7.	농어촌발전특별조치법 시행	경영 규모 확대 및 농지전용규제 완화 추진
1992. 2. 22.	농지전용부담금제 도입	농지 전용시 공시지가 20%를 전용부담금으로 환수해 농어촌구조개선 투자자금으로 활용. 농업진흥지역 지정
1993.	농업진흥지역 내의 농지소유 상환 확대	농지소유 상환 3ha에서 10ha으로 (시장, 군수 승인시 20ha까지 허용)
1994.	농지소유 및 전용규제 완화	농지소재지 사전 6개월 거주 요건 폐지, 농지전용규제 완화
1994. 12. 22.	농지개혁법 폐지	농지법으로 흡수 개정됨

[표1] 농지개혁법에서 농지법까지의 진행 경과

대를 메고 나선 것 뿐이었다. 전임 정부 장관들도 이 문제를 수시로 끄집어내 여론을 만들어 보려 했지만, 매번 농업계의 반발로 무산되곤 했다. 농지를 가진 유력자들은 부동산 투기로 한몫하고자 법이 개정되기만 학수고대鶴首苦待한다. 정부에 압력을 넣기도 하고 국회에 로비도 한다.

여론의 반대가 만만찮으니, 농식품부 장관에게 총대를 메라고 한 셈이다. 교활한 정부였다. 겉으로는 쌀이 남아돈다는 이유를 들며 차도살인借刀殺人하려 했다. 이 때 내놓은 핑계가 쌀 생산을 조절하고 기업에게 값싼 토지를 제공해 경제를 살리겠다는 것이었다. 그 이익을 누가 보겠는가. 그것도 자투리 땅 3ha라고 한다. 그러나 땅 9000평이 자투리란 말인가. 반듯한 농지 한 덩어리가 1500평, 0.5ha다. 그런 것이 여섯 덩어리나 되는데 '자투리'라는 말이 가당키나 한가.

9000평이면 300명 넘는 사람의 생명을 1년 동안 이어줄 수 있는 쌀이 만들어지는 면적이다. 그런 땅을 10만ha나 풀어 버리겠다는 것이었다. 이는 전체 전체 우량농지의 10%에 달한다. 경기도의 쌀 재배 면적이 2020년 기준 8만여 ha다. 경기도 전체 쌀 재배 면적보다 많은 농지다. 한국농촌경제연구원농경연 보고에 의하면, 이 같은 조치로 쌀 생산량이 약 38만 톤 줄어들 전망이라고 한다. [표2]

어떤 자들은 농지 규제가 합리적이지 않다고 침을 튀기며 말한다. 이번 기회에 규제를 풀고 합리화 해야 한다고 목소리를 높인다. 과연 그런가. 농지 규

시기	농지법 상황	내용
1994년	제정	통작(거주자~농지) 거리 8km 삭제 비농업 상속인 1만 까지 농지소유 가능
2002년	개정	비농업인 농업회사법인 통해 농지소유 가능 비농업인 추미 여가목적 1000㎡ 미만 소유 가능 농지관리위원회 폐지
2005년	개정	비농업 상속인 위탁 조건으로 2만㎡까지 농지소유 가능
2009년	개정	비농업 상속인 규모제한 폐지 평균 경사율 15% 이상 농업진흥지역 외 농지 비농업인 소유 가능 농업회사법인 대표 농업인 조항 폐지

[표2] 1994년 농지법 제정 이후 개정 내용

제를 풀면 그것은 가진 자들의 욕망을 충족시킬 뿐이고, 더 가지려는 투기심
만 조장할 뿐이다.

　농지의 절반이 농민들의 손을 떠난 지 오래됐다. '경자유전'耕者有田, 농사
짓는 사람이 땅을 소유함한다는 헌법 정신을 하위 법률이 계속 유린하고 있
기 때문이다. 농지임대차보호법은 사실상 농민들의 손에서 농지를 떼어내도
록 한 법률이다. 개정안을 낸 자들은 그것이 현실이기에 합리적이라고 우겼
다. 우량농지가 타 목적으로 개발되면 그 면적만큼 다른 농지를 우량농지로
확보한다는 법도 2008년에 슬그머니 없애 버렸다.

그리는 동안 농민들은 자기 소유의 농지를 늘리기보다 농지를 빌려 쓰게 되는 일이 늘었다. 임대료소작료는 날로 오르고 그것을 봉창하기 위해 다시 소작 면적을 놀릴 수밖에 없다. 쉬지 않는 농지는 생산력이 떨어지니 화학적 고투입이 필요하고, 이렇게 생산된 농산물은 수입농산물과 맞닥뜨려 가격이 하락된다.

지금 농민은 농사를 지으며 요행이나 천행을 기대해야 한다. 작금의 우리 농업 현실이 이렇다. 농지 규제를 합리화하려면 '경자유전'의 헌법정신을 살리는 것이 되어야 옳다. 농경연의 주장대로 32%의 식량자급률을 높이려 하면, 농지 172만ha가 필요하다. 그러나 2018년에 이미 170만ha 아래로 곤두박질치고 말았다. 한국이 이미 농업을 포기한 국가라는 게 명백해졌다. 농지가 없는 나라에서 농사를 지을 수 있을 것인가?

우리는 농지 면적을 보존해야 한다. 눈앞의 이익만 보지 말라. 먼 미래 우리의 후손들이 살아가야 할 땅이기도 하다. 그러니 그들의 의사가 반영될 여지를 남겨야 한다. 땅은 생명이기 때문이다. 과학이 극도로 발달해 캡슐 한 알로 끼니를 해결할 수 있다 하더라도, 먹을거리가 없으면 생명은 존속할 수가 없다.

농사의 종말

쌀 수탈과 쌀 개방, 가마우지 경제

무역 개방 요구 순응하며 농민 죽이는 정부

　대표적 친박모임이라고 알려진 국가경쟁력강화포럼은 2015년 10월 26일 '한국사 교과서 국정화, 왜 필요한가'를 주제로 조찬 세미나를 개최했다. 이날 조찬 세미나 강연자로는 일제강점기에 자행된 '쌀 수탈'을 '쌀 수출'이라고 주장하는 권희영 한국학중앙연구원 교수가 나섰다.

　이 행사는 당시 대표적 친박계 의원인 윤상현이 주최한 것으로, 그는 현장에서 "의사가 병을 고쳐야 하듯이 병든 한국사 교과서를 고쳐야 한다" 면서 "학생들은 잘못된 역사가 아니라 올바른 역사를 교육을 받을 권리가 있고, 우리는 이를 지켜줘야 할 의무가 있다"고 말했다. 김무성 새누리당현 국민의힘 대표는 축사에서 "모든 나라 역사에는 긍정적인 백 역사, 어두운 흑 역사가 있기 마련"이라면서 "긍정적, 진취적 역사관이 대한민국의 미래를 위한 길이고, 역사를 바로 세우는 길"이라고 강조했다. 새누리당에서 당론과 다른 의견을 종종 제시하기도 했던 초·재선 의원 중심의 쇄신파 모임인 '아침소리'도 역사 교과서에 대해서는 같은 입장을 보였다.

권희영 교수는 뉴라이트 계열 인사로 정부가 출연한 한국학중앙연구소 교수이며 '우편향' 논란을 빚은 교학사 '고교 한국사' 교과서 집필자 가운데 한 명이기도 했다. 권 교수는 이후 JTBC 토론프로에서 '쌀수탈이 아니라 쌀수출이기에 이를 바로 잡아야 한다'고 목소리를 높였다. 이미 여러 자료가 일본에 의해 수탈당한 사실을 증명하고 있는데 돈을 받았기 때문에 수출이라고 한다면, 그는 수탈이라는 단어의 의미조차도 제대로 파악하고 있지 못한 것이다.

2015년 10월, 교학사 한국사 교과서와 비슷한 기조로 쓰인 초등학교 국정교과서를 본 민병희 강원도교육감은 기자들과 만난 자리에서 우려를 표했다. 민 교육감은 "쌀 수탈을 '수출'로 표시하는 표현도 있는데 국권이 없는 상태에서 어떻게 대등하게 수출을 할 수 있겠느냐"라며 "사진자료도 호화로운 거리를 삽입하고, 우리 민중들의 어려웠던 삶에 대해서는 조금만 조명하는 등 그 당시가 상당히 살기 괜찮았던 것처럼 묘사하고 있다"고 비판했다. 이어 "이런 것들을 볼 때 국정교과서 내용이 나올 수 있는 방향은 훤히 들여다보인다. 집필진도 안 나온다고 했기 때문에 아마 교학사 교과서를 그대로 옮겨 놓을 것 같다"라고 말했다.

민 교육감 말대로라면, 논란이 된 교학사 교과서를 그대로 국정교과서에 옮겨놓은 무서운 일이 벌어졌던 것이다. 이렇게 빈곤한 주장을 그대로 가져와 사실을 호도하는데는 숨은 이유가 있게 마련이다. 일제 시대 쌀 반출로 백성이 굶주리고 나라 경제가 파탄 났는데, 그게 수탈 아니라고 수출이라니. 곡

한국사 교과서 국정화, 왜 필요한가

권희영 한국학중앙연구원 교수

◆ 일시 : 2015.10.26(월) 08:00 ◆ 장소 : 국회본청 귀빈식당 국가경쟁력강화프

권희영 한국학중앙연구원 교수가 2015년 10월 26일 친박의원모임인 국가경쟁력강화포럼이 주최한 '한국사교과서 국정화, 왜 필요한가' 세미나에서 모두발언을 하고 있다. ⓒ민중의소리

학아세曲學阿世하면 말세가 된 것이라는 옛 말이 떠오른다. 박정희의 잘못된 행보를 덮고 미화하려는 누군가의 효심 때문에 "까라면 까는 자"들과 "알아서 기는 자"들이 속출했던 것 같다. 이들은 역사교과서 국정화를 통해 모두가 "지당하옵니다"를 외치도록 우민화하고 싶었으리라.

그런데 하필 예를 들어도 고약하게 '쌀'을 들고 나왔다. 농민들은 항상 쌀 문제로 부글부글 끓고 있다. 농민들이 쌀농사를 못하게 되면 우리농업에는 사망선고가 내려지는 것이다. 매해 가을걷이가 끝나면 많은 농민들이 상경 시위를 나서는 것은 위기를 몸으로 느끼고 있기 때문이다. 누구도 지금의 정책으론 한국 쌀을 지킬 수 있을 것이라 믿지 않는다. 그런데도 정권들마다 대책을 내놓기는커녕 농민들에게 사약을 주고 있다.

1993년 우루과이라운드가 진행되자 농사의 빗장이 무너지기 시작 했다. 김영삼 정권은 쌀을 지키겠다고 다짐했지만 결국 MMA 최소시장 접근 라는 방식으로 개방의 물꼬를 트고 말았다. 연간 40여 만 톤의 쌀이 다음 협상 전까지 5년 동안 들어오도록 협상했다. 그것은 김대중 노무현 정부로 이어졌고, 이들 정부 역시 WTO의 시장 개방 압력에 굴복하기는 매 한 가지였다. 김대중 정부에서 시작된 한칠레 FTA는 노무현 정부인 2004년 타결됐다. 그때 이미 한국 농사의 종결을 보는 듯했다.

이어 노무현 정부는 한미 FTA를 하겠다고 나섰다. 그러자 미국은 한국에 대하여 선결과제를 내걸었다. 스크린 쿼터제를 폐지하고, 미국산 소고기에 대해 시장을 개방하라는 등의 요구를 했다. 그러자 농민들은 극렬히 저항했고, 그해 두 명의 농민이 공권력의 손에 목숨을 잃었다. 2005년 홍콩서 벌인 WTO 반대 투쟁은 한국 농민들이 얼마나 무분별한 개방정책에 강하게 저항하는지를 유감없이 보여 주었다.

이명박 박근혜 정부에 들어와서는 사정이 더 나빠졌다. MMA 물량은 그대로 둔 채 519%의 관세를 물리는 것으로 해 쌀시장이 완전 개방된 것이다. 심지어 쌀값을 떨어뜨려 수입쌀과의 가격 차이를 좁히는 정책 soft landing 을 도입하려다, 농민들의 저항으로 한발 물러섰다. 그것이 현재의 쌀 직불금제이다.

그러고도 부족했는지 2015년 10월 박근혜 대통령은 미국에 가 환태평양경제동반자협정TPP에 동참하겠다는 의사를 표했다. TPP는 농업을 포함, 모든 무역상품에 대해 100% 관세 철폐를 목표하는 협력 체제로 2015년 출범 당시 뉴질랜드, 싱가포르, 칠레, 브루나이, 말레이시아, 베트남, 페루, 호주, 멕시코, 캐나다, 일본이 참여했다. 현재는 미국이 탈퇴해 11개국이 참여하고 있으며, 이름을 CPTPP로 바꿨다.

우리나라는 TPP 논의 당시 회원국 12개국 중에 10개국과 FTA협정을 체결한 상태였다. 농업에 피해가 발생하고, 특별한 경제효과를 기대할 수 없는 상황이었기 때문에 원래 TPP 가입에 뜻이 없었다. 그런데 미국이 TPP에 적극적으로 나서자 입장을 선회했다. 그것이 박 대통령이 미국에 가 TPP에 가입하게 해 달라고 애원하고(?) 돌아온 이유인 것 같다. 결국 한국은 TPP에 가입하지도 않았다.

이 같은 행태는 상황논리로 보면 140년 전 조선 개항시대와 많이 닮아있다. 1859년 일본은 요코하마와 나가사키를 개항했다. 그리고 프랑스식 근대 잠사공장을 설립했다. 이 잠사 공장은 얼마 안가 오사카 등에도 세워졌고, 잠사가 일본의 주력상품이 될 정도로 확장되었다. 일본 정부는 경쟁력을 유지하기 위해 잠사공장의 노동자들에게 저임금을 유지해야 했다. 그러려면 노동자들에게 주식인 쌀을 저렴하게 공급해야 했다.

일본 정부는 이를 해결하기 위해 1875년 운요호를 강화도로 파견해 일을 꾸몄다. 황해에 허가 없이 온 타국 배에 조선이 대응하는 것은 당연지사였다. 그러나 그들은 단순히 수심 측량을 하는 배에 조선이 공격을 했다며 무력을 앞세워 조약을 맺자고 강요했다. 네덜란드나 미국이 일본에게 했던 것처럼 조선에게 개항을 요구한 것이다. 개항의 목적은 쌀을 일본으로 가져가는 것이었다.

결국 고종13년 1876년 조선과 일본은 '강화도조약', 조일수호조규朝日守護條規를 체결하게 된다. 강화도 조약은 근대 국제법의 토대 위에서 타국과 맺은 최초의 조약이었다. 그러나 일본의 강압적 위협으로 맺어진 불평등 조약이었다. 운요호 사건의 평화적 해결, 통상수호조약 체결이란 외피를 뒤집어쓰고 있었지만, 조선의 경제적 이익을 수탈하는 내용이 핵심이었다.

그로부터 7년 뒤, 조선과 일본 사이에 새로운 통상 규정인 '조일통상장정'이 맺어졌다. 이는 조일수호조규에 딸린 '조일무역규칙'이 여러모로 불평등했기 때문에 이를 바로잡기 위한 조선 측의 시도로 이루어진 것이다. 박탈된 관세 문제와 쌀 유출 방지가 핵심이었다. 당시 조선 정부는 쌀의 무역을 금지한다는 기본 입장을 갖고 있었다. 반면 일본은 그동안 왜관에서 해 온 쌀 무역을 공식적 통상으로 인정받으려 했다.

당시 쌀은 조선에서도 부족한 품목이었고 수출이 된다면 국내 가격 폭등은 불 보듯 뻔한 이치였다. 이 때문에 조약엔 천재지변이나 변란이 일어나 식량 부족의 우려가 있을 때 곡식을 반출하지 못하게 하는 '방곡령防穀令'을 선포

농사의 종말

한다는 내용이 있었다. 그러자 일본
측은 자연재해 등으로 곡물이 부족해
질 경우 개항장에 거류하는 일본인을
위해 미곡을 항구 간 수출입하도록
해줄 것을 요청한다. 조선 협상단은
해당 조항을 악용해 일본이 쌀 반출
을 시도할 수 있다는 위험성을 알면
서도 협상을 타결시켰다.

강화도 강화읍 국화리 소재 연무당 옛터. 이곳에
서 강화도 조약이 체결 되었다. ⓒ한도숙

　결국 해당 조항을 빌미로 일본은 조선 쌀을 자국으로 가져갈 수 있었다. 일
본인들은 가져온 성냥과 화장품, 남포를 주고 조선의 쌀을 거두어갔다. 지주
들은 쌀의 국내 가격보다 일본인들이 구매하는 가격이 높자 그들에게 쌀을
판매했다. 이 쌀들이 일본으로 건너가 요코하마의 노동자들을 먹여 살렸다.
수입이 좋아지자 지주들의 욕심이 더 커졌고, 소작료가 오르기 시작한다. 소
출을 소작농 5, 지주 5로 나누던 것이, 3/7제로 변해갔다. 이런 착취로 지주들
의 경작 면적은 더 넓어졌고 조선은 자작농이 없는 최악의 상태로 변해갔다.

　그런 배경 속에서 발생한 사건이 1882년 임오군란이다. 알려진 이유는 별
기군 등 신식군대와 구식군대 간의 차별 대우라고 한다. 그러나 진짜 문제는
바로 쌀이었다. 개항장의 일본 상인들이 반출하는 쌀의 양이 해를 거듭할수
록 늘어나 조선의 쌀값이 폭등한 것이다. 백성들이 쌀을 구하기 어려운 것은

물론, 조정에서 군인들에게 월급으로 주는 쌀도 제대로 구하지 못해 1년 6개월치가 밀릴 정도였다. 지급한 쌀에도 모래가 반쯤 섞여 있어 군인들의 분노가 폭발했다. 군인들이 일어나 일본인들과 당시 집권세력인 민 씨 일가를 응징하려 하자 민중들도 동참했고 결국 민중궐기의 장이 되었다. 농민들도 이에 영향을 받아 꿈틀거리기 시작했다. 이 모든 것의 근원엔 일제의 쌀 수탈이 있었다.

백성에게만 범처럼 무섭고 외세앞에선 무기력하고 무능했던 조선시대 집권세력의 모습이 여실히 드러난다. 이들은 한일 강제 병탄 이후엔 일본 귀족이 되어 일본을 지키고 일본 못지않게 백성들을 수탈해 자신들의 배를 채웠다.

이렇게 이루어진 걸 수출이라고 주장하는 얼빠진 학자들이 있다. 그리고 이들이 교과서를 바로 잡겠다고 한 게 한국사 교과서 국정화 논쟁이었다. 이런 행태는 자신들의 죄를 덮고 배를 불리기 위해 진실을 덮고 민간인을 학살한 해방 이후 친일 경찰 및 군인의 논리와 다르지 않다. 학자나 관료들이 보신책으로 그릇된 길을 선택하면, 백성은 도탄에 빠지고 스스로 살 길을 찾아 나설 수밖에 없게 된다.

1876년 이후 상황을 보면 한국은 미국, 일본 손에 잡힌 '가마우지 신세'인 것 같다. 우리 경제를 가마우지 경제라고 하는 학자도 있다. 중국 계림 이강에서는 어부들이 물고기를 잡는 특이한 방식이 있다. 가마우지의 긴 목 아래를 끈으로 묶어둔다. 그러면 가마우지가 물고기를 잡아먹어도 넘어가지 않게 된다. 어부는 가마우지의 입을 열고 물고기를 빼낸다. 이때 가마우지는 죽지 않을 만큼만 자기가 잡은 물고기를 얻어먹는다. 일제강점기 내내 조선에 대한 수탈이 그런 방식이었고, 어쩌면 지금도 미국을 필두로 한 국제 경제 체제 내에서 한국의 자리가 그렇지 않을까. 열심히 완성품을 수출하지만 주요 부품을 만드는 일본이 상당 부분 부가가치를 가져가는 분업 구조도 아직도 유지되고 있지 않는가.

백성의 목숨줄인 쌀을 두고, 지배층이 무책임하고 무능한 행태를 보이는 것도 그리 달라지지 않았다. 불평등한 강화도 조약을 맺고 일본이 쌀을 강탈해 가도록 두고는 문제가 일어나자 백성만 도륙한 조선 말기 관료들. 강대국의 무역 개방 요구에 순응해 불평등한 FTA와 다자 무역 협정을 줄줄이 맺고는, 쌀 개방으로 농민들이 죽음에 이르자 모르쇠 하는 최근 정부 관료들의 행태. 무엇이 다른가.

개방 농정의 함포 소리
우루과이라운드
참담한 UR협상 한국 농업 부문 성적표

1980년 노풍 피해로 국내 식량 사정이 극도로 악화일로를 걷게 되자 정부는 미국으로부터 쌀 수입을 결정하게 된다. 그러나 글로벌 시장은 호락호락하지 않았다. 한국의 쌀 수급 균형이 깨졌음을 이미 알고 있는 곡물 메이저 회사들은, 그해 가격보다 훨씬 높은 가격과 지속적 수입을 요구하기에 이르렀다. 국내 수급 문제를 해결하는 게 급했던 정부는 그들의 요구에 굴복하여 쌀을 국제 가격보다 세 배 높은 가격으로 수입하기에 이른다. 그리고 국내 시장에서 필요로 하는 양보다 더 많은 양의 쌀을 수입했다. 그러자 쌀이 남아 돌게 된다. 이것이 '국내 쌀 생산 과잉'이라는 빌미가 되었고, 이후 국가가 쌀 수급 조절을 포기하는 수매제 폐지에 이르게 한다.

이 시기 농민들은 '함평 고구마 수매 투쟁'을 거쳐 '노풍 피해 보상 투쟁'으로 이어지는 과정을 통해, 자주적 의식을 높이고 농민이 농정에 적극 개입하는 행보를 펼쳤다. 이런 실천 속에서 한국 농촌·농업·농민의 모습은 서서히 변해갔지만, 글로벌 자본에 의한 폐해는 피해 갈 수 없었다. 외국산 연초 수입은 국내 담배 농가들의 몰락을 불러왔고, 이는 고추 과잉 생산으로 이어져 고추 투쟁이 진행됐다. 쌀농사 외 시설 채소나 과수, 축산을 병행하는 '복합 영농'을 주창한 정부 정책은 '수입소 파동'을 일으켰다. 이런 과정 속에서도 농민들은 '수세 폐지 운동'을 통해 농민 권익 향상과 전에 없던 농민 운동의 성장을 일궜다.

이런 와중에 1986년 시작된 우루과이 라운드는 농민들에게 "우르르~꽝 라운드"라 할 만큼 충격적인 사안이었다. 모든 농산물 시장이 개방되는 '개방 농정'의 시대가 도래한 것이다. 김영삼 정권은 대통령 직을 걸고라도 '쌀 수입' 만큼은 막아내겠다고 장담했다. 국민들의 충격도 대단해서 1천만명이 넘는 사람들이 쌀 수입 반대 서명에 동참했다. 농민들은 국민적 동의를 얻어 내는 데 성공했다. 그러나 그뿐이었다. 한국 농민들은 새로운 무역 체계에 대한 논의는 알지도 못했고, 민주화 과정에서 진행된 농민 투쟁은 대부분 농업 내부 구조에 집중하는 모습을 보였다. 그러는 사이 세계화와 개방 농정이 발밑에 이미 도달해 있었다..

제2차 세계대전 이후 세계무역체제는 미국 주도의 '관세 및 무역에 관한 일반협정GATT, General Agreement on Tariffs and Trade' 체제로 고정되었다. GATT는 자유무역을 촉진시켜 세계 경제의 번영을 꾀할 목적으로 1947년 창설됐다. 선진국 간 공산품의 관세율 인하에 초점을 맞춘 내용이었다.

그러나 1980년대에 들어와 농산물과 서비스, 지적재산권 등 공산품 이외

분야의 교역 비중이 크게 늘자 이런 분야를 포괄하는 새로운 다자 간 협상 필요성이 제기되었다. 이념적으로는 냉전 해체 후 미국이 자본주의 승리를 바탕으로 세계 경제를 재편하는 과정이었고, 경제적으로는 당시 미국의 경제 불황과 쌍둥이 적자를 해결하려는 목적이 있었다. 특히 경쟁력 있는 농산물로 세계 농업을 재편하려는 것이 UR 농업 협상이었다. 그리하여 1986년 9월 우루과이의 푼타 델 에스테Punta del Este에서 새로운 다자 간 무역협상 개시를 위한 GATT 각료 회의 선언이 이루어졌다.

원래 우루과이라운드는 1990년 타결을 목표로 했지만 농산물, 지적소유권, 서비스무역, 섬유, 긴급수입 제한 등의 분야에서 각 국이 첨예한 대립을 보여 1991년이 되어도 타결될 기미가 보이지 않았다. 특히 농산물 협상은 각 나라가 안고 있는 여러 특성과 협상 당사국 사이의 기본적 견해 차이로 인해 더 어려웠다.

교착 상태에 빠진 협상 국면을 타개하기 위해 1991년 12월 GATT 사무총장 둔켈Dunkel이 나섰다. 그는 7개 부문 별로 최종 의장안을 제시해 UR의 틀을 마련하였다. 이후 1992년 11월 20일에 미국과 유럽공동체EC가 백악관 블레어하우스에 모여 UR의 최대 쟁점 중 하나인 보조금 감축 등에 대해 수정 합의에 이르렀다. 이어 1994년 4월 모로코의 마라케시에서 각국 간의 각료급 회의가 개최되어 세계무역기구 설립, 정부 조달협정 등을 포함한 '마라케시 합의문'을 채택하며 최종 협정문이 조인되었다. 이로서 몇 년 간 끌어온 UR

농사의 종말

은 완전 타결되었다.

　UR에서 타결된 내용은 모든 수입 제한품목의 자유화, 농업보조금 폐지, 이중곡가제 폐지, 영농자금 융자 중단, 수출보조금 철폐 등이었다. 그리고 세계무역기구의 설립에 대한 협상도 이루어져 'GATT 체제'를 대신할 'WTO'가 1995년에 출범했다. WTO는 GATT 체제가 포괄하지 못했던 농산물, 섬유, 무역 관련 투자 조치, 서비스 교역 등을 국제 무역 규범 내로 흡수하였고, 무역과 관련된 분쟁을 해결할 수 있는 법적 구속력을 대폭 강화하였다. UR을 끝으로 GATT의 활동은 끝이 났다.

　WTO가 출범하면서 한국은 서비스 교역 성장, IT제품 수출 증가 등의 성과가 있었지만, '농산물 개방'이라는 초유의 사태도 맞이했다. 농사만 잘 지으면 그럭저럭 살아갈 것이라고 믿었던 농민들은 이 초유의 거대한 파도 앞에서 무엇을 해야 할지 망연자실했다. 그래도 맥을 놓고 있을 수만은 없었다. 전국농민회총연맹전농은 투쟁을 준비했다. UR협상의 과정과 결과물들을 공부해, 대처해야 할 과제를 정리해 냈다. 생소한 무역 관계를 공부하니 그 말이 그 말 같고, 거기서 거기 같은 단어들에 주눅이 들기도 했다. 그래도 기본은 투쟁의 정당성을 찾고 사회적 동의를 이끌어내는 일이었다.

　그냥 앉아서 죽을 수 없었던 농민들은 서울로 모여들었다. 1993년 2월 15일, 동국대학교에서 'UR 협상 거부 및 쌀 전량 수매 쟁취를 위한 전국농민대회'가 열렸다. 농민들과 학생, 시민 등 2만여 명이 참가한 이날 대회는 'UR협상 거부'를 걸고 열린 최초의 대규모 대회였다. 당시 정부의 UR협상은 농민들에게 잘 알려지지도 않았다. 언론은 UR의 일부 측면만 보도하는데 그쳤다. 한국이 해외 시장에 진출할 수 있는 절호의 기회라고만 강조하고, 농업 피해에 대해선 입을 다물거나 역 선전을 해댔다. 당시 조선일보는 '이제는 쌀을 먹는 시대가 지났다'는 취지의 칼럼으로 UR을 지지하고 나섰다.

농민들은 이날 대회 결의문에서 '농가소득의 40%를 차지하는 쌀 시장을 개방하는 것은 600만 농민들의 생명줄을 끊는 것'이라고 선언한 뒤, 대통령에 취임하는 김영삼에게 취임식 전 쌀 시장 개방에 반대한다는 분명한 입장을 표명할 것을 요구했다. 이 날 대회엔 유럽과 미국의 농민 대표도 참석했는데 이들은 한국 농민을 적극 지지한다는 입장을 밝혔고, '미국 대농들만의 이익을 위한 UR은 유럽은 물론 미국의 소농까지 몰락시킬 것이며 지구 환경 보전을 위해서도 쌀농사를 늘려가야 한다'고 주장했다. 농민들은 대회 이후 장충단 사거리와 동대문을 거쳐 동숭동까지 평화 행진을 벌이며 시민들에게 결의문을 나누어주는 등 심각한 상황을 알리는 활동을 벌였다. 이 날 대회는 경찰과 별다른 충돌 없이 끝났지만 사태는 지속적으로 악화될 수밖에 없었다.

이후 전농은 단식투쟁과 토론회, 지역 대회 등을 통해 꾸준히 투쟁 역량을 높였고, 그해 11월에는 쇠사슬로 몸을 묶은 농민들이 청와대와 국회로 진격하는 처절한 투쟁을 벌인 후 전원 연행되기도 했다. 그 무렵 187개 시민·사회단체와 농민단체, 학계가 연합해 '우리 쌀 지키기 범국민 비상대책회의'를 꾸

1993년 12월 7일 열린 쌀과 기초농산물 수입개방 저지 범국민대회에 참여한 농민들 ⓒ전농 전북도연맹

렸다. 12월 8일 전농은 농산물 수입 개방에 앞장선 정부 여당 인사 5인에게 '계유 5적' 딱지를 붙였다. 한국 농업 기반 붕괴를 초래한 이들을, 나라를 일제에 팔어넘긴 '을사5적'에 빗댄 것이었다. 대상은 민자당 대표 김종필, 국무총리 황인성, 부총리 이경식, 농림수산부장관 허신행, 외무장관 한승주였다. 실제 당시 협상 과정에서의 정부 대응은 부실하기 짝이 없는 것이어서, 총리와 장관 두 명을 경질하는 것으로 책임을 인정할 수밖에 없었다.

농민들은 이후에도 UR 반대 투쟁을 이어갔다. UR로 한국에서 가장 큰 영향을 받은 분야가 농업이었기 때문이다. 평택 농민들도 그해 가을 추수를 앞두고 투쟁의 대열을 꾸렸다. 평택 서부지역이며 당시 평택군 중심인 안중 장날 장터에 모여 성명서를 낭독하고 삭발을 하고 손가락을 찔러 혈서를 쓰며 투쟁의 수위를 높였다. 300여 농민들이 시장에서 안중 농협까지 행진을 하며 개방 농정에 항의하고 농사의 종말을 예고하는 제사상을 차리고 축문을 낭독했다.

농민들의 걱정과 분노는 그 어느 때 보다 높았다. 지역에서의 집회는 낯선 것이었지만, 도무지 농업 정책이 어떻게 돌아가는지 종잡을 수 없는 상황 인지라 다들 나서지 않을 수 없었다. 정부 정책에 대한 항의도 항의지만 서로 간의 안부를 묻고 분노를 공유하기 위해, 해가 서산을 벌겋게 물들이는 순간까지 자리를 뜰 줄 몰랐다.

시위와 기자회견, 항의 방문, 삭발, 단식, 농성을 거듭하며 농민들이 저항할 때, 정부는 무엇을 했던가. 당시를 떠올려 보면 정부가 UR 협상을 우려한다는 뉴스는 1989년에야 비로소 등장한다. UR협상이 1986년부터 진행됐음에도 정부의 대처는 어정쩡한 것이었다. 협상장에서 제대로 의견을 개진하지 못한 한국 정부는 UR에서 가장 낮은 성적표를 받았다고 비아냥대는 소리나 들어야 했다. 1991년이 되자 부랴부랴 농업 후계인력 매년 1만명 선정, 농지의 기계화율 상승, 대도시 근처에 도매시장 13개소 정비·개소 등을 하겠다고 나섰다. 황인성 국무총리는 1993년 12월 14일 삼청동 총리공관서 UR 협상 관계 장관 조찬간담회를 갖고, 농촌에 대한 강력한 구조조정안을 내놓았다. 이 안은 이후 농촌의 급속한 인구 감소라는 결과를 초래했다. 바로 다음 날인

농사의 종말

15일이 UR 협상 타결일이다.

　김영삼 대통령은 쌀 개방을 막지 못했으니, 결국 대국민 사과를 하기에 이른다. 1993년 12월 9일 발표된 청와대 춘추관에서 발표된 특별 담화 일부와 이에 대한 보도를 보자.

　친애하는 국민 여러분, 저는 그동안 우리 쌀을 지키기 위해 대통령으로써대통령으로서 할 수 있는 최선의 노력을 다해왔습니다. 그러나 국민에게 한 저의 약속을 끝까지 지키지 못하는데 대하여 그 책임을 통감하면서 국민 앞에 진심으로 사과의 말씀을 드립니다. 그동안 우리 쌀을 지키기 위하여 전국의 방방곡곡에서 성원해 준 국민 여러분께 더욱 죄송스럽게 생각합니다. (쌀 시장 개방에 불가피성을 설명한 이후) 쌀을 지키기 위해 'GATT를 탈퇴하고 국제적 고아로 혼자 살아갈 것이냐' 아니면 'GATT 체제를 수용하면서 세계화·국제화·미래화의 길로 나갈 것이냐'하는 선택의 기로에서, 저는 과연 국가 이익이 무엇인지를 놓고 대통령으로서 불면의 밤을 지새우며 고뇌하지 않을 수 없었습니다. 저는 두 가지 길 가운데서 고립보다는 가트 체제 경쟁과 협력을 선택할 수밖에 없었습니다.
－청와대 특별 담화

　김영삼 대통령은 쌀 시장 개방에 따른 획기적인 농촌 대책을 수립하겠다고 밝히고 농산물 개방과 관련한 이익을 농민에게 돌리고 농가 보상과 농지를 비롯한 농업 관련 제도와 구조 개혁 등 종합적인 대책을 세워 실제로 우리 농민들이 피부로 느낄 수 있도록 우리의 농업 우리 농촌 우리 농민 대책을 철저히 세워 나가겠다고 밝혔습니다. 이번 쌀 시장 개방을 통해서 국민 모두가 하나가 되어 무서운 각오로 우리 경제를 살리고 농촌을 새롭게 일구는 전화위복의 계기로 삼아 우리 농업의 끝이 아니라 우리 농업의 새로운 출발이 되도록 하자고 강조했습니다.

– 청와대 특별 담화 보도

1994년 2월 1일, 농민대회가 다시 열렸다. 그날의 농민대회는 필자의 기억에도 생생히 남아있다. 전농 등 9개 농민단체 회원과 학생, 시민 등 4만 여 명이 모여 서울 종로구 동숭동 대학로 마로니에 공원에서 'UR 재협상쟁취, 국회비준거부와 농정개혁을 위한 전국농민대회'를 개최했다. 대회에서는 8개 항의 주요 요구 사항이 발표됐다. 협상 무효 선언, 이행계획서 제출 중단, 사대 매국 내각과 민자당 지도부 사퇴, 거국 내각 구성 등이 요구사항에 포함되어 있었다. 상황이 국가비상사태에 준한다고 본 것이다. 그도 그럴 것이 농민뿐 아니라 시민들의 분노 또한 만만치 않았기 때문이다.

그날의 집회에선 경찰과의 충돌이 있었다. 종로가 완전히 시위대에 의해 점거됐고, 일부 순찰차와 전경 버스가 불에 타기도 했다. 행진을 막는 전경들

농사의 종말

과 몸싸움이 붙어, 시위대가 전경 대열을 무력화 시키고 무장 해제시키기도 했다. 시위는 저녁 늦게까지 산발적으로 이어졌고 흥분한 참가자들에 의해 일부 취재 차량과 청소차도 불에 타고 파손되었다.

이날 투쟁은 이후 신자유주의 개방농정에 맞서 농민들이 벌여야 할 기나긴 싸움의 서곡이었다. 소위 문민정부가 시작한 세계화라는 이름의 제국주의와 자본의 미친 질주에 맞서는 긴 싸움이 예정되어 있었다. 농민들은 투쟁을 안주 삼아 막걸리 한잔을 들이켜고는 땅으로 돌아가 또다시 땀 흘려 씨앗을 뿌렸다. 농지가 남아있는 한 그만두지 못하는 일이었다. 이듬해에도 농사를 짓기 위해 또 힘겨운 투쟁을 계속해야 했다.

한국 정부가 받아 온 UR협상 농업부문 성적표는 참담했다. 개도국 지위를 얻어내며 치러야 할 대가는 엄청난 것이었다. 15개 기초농산물을 전혀 지켜내지 못했고 개방 조건도 엄청나게 불리했다. 15개 비교역품목NTC, Non-Trade Concerns, 수입 개방에 따른 요구를 수용할 수 없는 농수산물의 품목 중 쌀과 곡물보리, 고구마, 감자, 콩, 옥수수만 관세 상당치Tariff Equivalent, TE, 비관세 조치된 물품에 다시 관세를 부과할 때, 그 과세액으로 삼기 위하여 정한 금액 개방으로 인정받았을 뿐이다.

일부 유제품유장분말, 버터, 전지·탈지분유과 고추, 마늘, 양파, 참깨 등은 한도양허Ceiling binding, 일반적인 관세상당치 계산 방법 대신 협상에 의해 결정되는 특정 세율로 양허하는 방식 관세로 개방하고 쇠고기, 감귤, 돼지고기, 닭, 치즈 및 조제 분유 5개 기초농산물는 실행 관세 Applied Tariff, 통관 당국에 의해 국경에서 실제로 부과하는 관세로 개방하도록 결정되었다. UR 협정문대로 해도 관세상당치로 부과할 수 있으나, 미국과의 쌍무 협상에 실패해 이 같은 결과가 발생했다. 결국 한국 농업은 그야말로 뿌리째 뽑혀나가는 상황을 맞이했다.

그 외 50여 개 국제수지 BOP, Balance of Payments, 일정 기간 동안 한 나라가 다른 나라와 행한 모든 경제적 거래를 체계적으로 분류한 것 보호 품목은 1995~97년 사이 일반 관세로 완전 개방하는 것으로 협상했다. 이는 일본보다도 훨씬 불리한 조건으로 개방 압력에 굴복한 것이다.

또 민족 내부 간 거래 원칙을 GATT로부터 공식 허용 받지 못했다. 남북 간 '기본합의서'에서 합의한 민족 내부 간 거래 원칙을 명문화하지 못해, 남북한 농산물 거래, 특히 쌀의 교류에서 장애를 초래하였다. 이는 미국에 대해선 사대적으로 접근한 것이었으며 EC에 대해선 적절한 대응을 못한 것이었다. 협상의 전 과정에서 미국 눈치보기에 급급해 수출 보조금에 대해 삭감은 요구하지도 못했다.

정부는 UR 협상 초반 6년 간 무대응으로 일관했다. 정부는 통상 전문 지식과 경험이 부족했고, 통상 관료의 전문성은 결여됐다. 협상에 대한 전략적 대응방안도 마련되지 않았다. 시종일관 미국 등 협상주도국에 끌려 다녔다. 문민정부 자체적으론 긍정적 평가를 내렸지만, 외국 언론에서는 '한국이 UR 협상에서 가장 실패한 나라 중 하나'로 보도됐다.

　UR협상은 이렇게 국민적 저항을 받았지만 무능한 정부에 의해 타결 됐다. 이후 본격적으로 밀려온 개방의 파고를 넘어야 하는 농민들의 시름은 깊어만 갔다. 일부 언론의 협상 과정에서의 군불 때기, 기득권 수호에 앞장선 일부 경제 학자들의 '비교우위론'은 우리 농사의 종말을 고하는 데 필요하고도 충분한 조건이 되었음을 우리는 기억한다.

'풍광수토'를 아시나요?

농촌 붕괴 가속화한 김영삼 정부의 '신농정 5개년계획'

1993년 12월, 우루과이라운드가 타결되고 농수산부는 결과 보고서를 제출한다. 이 보고서 안에는 '종합농정대책'이 포함되어 있었다. 필자는 여기서부터 우리 정부가 '농사는 잊어버리고 산업으로서의 농업을 강조하며 비교 우위론을 절대 가치로 신봉하는 첫걸음을 뗐다'고 생각한다.

지식인들은 정부의 정책 방향이 농민들의 삶의 방식과 가치관을 뿌리째 흔들어 놓았다고 비판했다. 농민들은 분노했다. 5천 년 지어온 농사를 내어주며 향후 5천 년을 대비하는 종합 계획을 내와도 모자랄 판에, 문제 사안마다 내놓는 '대책'만 발표한 것은 농업을 그만큼 깔보는 것이라고 정부를 힐난했다.

농수산부 UR보고서 중 일부 내용

7. 종합농정대책
가. 경쟁력 강화의 가속화

농사의 종말

ㅇ 산업으로서의 농업을 육성하기 위해 "신농정"을 보완·강화, 대규모 기계화·자동화 영농의 촉진 등을 통한 생산비 절감과 품질 향상으로 개방화·국제화 시대의 경쟁력 있는 기술·수출 농업을 조기에 실현하며, 이를 뒷받침할 수 있도록 농지제도를 개혁

나. 농가 직접소득보조의 제도화

ㅇ 농산물 시장 개방과 국내 보조금 감축 등 농가의 소득손실을 보전하고, 고령 농민의 노후생활을 보장하며, 농작물의 재해에 대한 지원을 대폭 강화하겠으며, 농촌 공업화를 적극 추진하여, 다양한 농외소득원을 개발

다. 농촌생활환경 개선

ㅇ 농촌마을을 편하게 살 수 있는 전원마을로 정비하고, 농촌에 살면서도 도시 수준의 교육 여건과 양질의 의료 서비스를 받으며, 문화적 생활을 향유할 수 있는 생활공간으로 탈바꿈

라. 재원 대책

ㅇ UR 타결로 인한 타 산업분야의 이익과 수입농수산물 판매 수익금 등을 개방으로 상대적 피해가 큰 농민과 농어촌에 환원하기 위한 제도적 장치를 마련

마. 농수산 지원체제의 정비

ㅇ 농업구조개선을 효율적으로 추진할 수 있도록 농업금융지원제도를 개선하고, 개방화에 부응할 수 있도록 농정 조직(행정기관 및 정부투자기관)

과 농민단체(농협, 축협 등)의 조직을 개편·정비하며, UR타결 이후의 농정 시책을 법제화

그러자 김영삼 정부는 부랴부랴 '신농정5개년계획'을 제출하기에 이른다. 이 '신농정5개년계획'의 내용이 특별하게 더 나아진 것은 아니었다. UR결과 보고서의 종합농정대책에서 한 걸음도 벗어나지 못한 이름만 '계획'이었다. 김영삼 정부는 해당 계획에 따라 농촌에 42조원의 자금을 쏟아부었다. 그 같은 선택은 농민에게 '농가부채'라는 멍에를 씌우고 급속한 농촌 붕괴를 가져오는 결과를 낳았다.

UR이 우리 농업에 가한 최대 충격은 '쌀 수입 개방'이었다. 40여 만 톤의 쌀이 해마다 해외에서 들어오게 되니, 쌀이 남아 돌 가능성이 농후해졌다. 이런 상황이 되자 일부 농민들은 팔 수만 있다면 땅을 팔고 이농離農하기를 원했다. 일부 농민들은 논을 메워 과일나무를 심기도 했다. 쌀값이 폭락한다면 쌀농사를 지어서는 농촌에서 살아남기 어렵겠다는 판단 때문이었다. 농촌은 아수라장이 되었다.

전국농민회총연맹을 비롯한 농민단체들이 앞장서 우루과이라운드 재협상을 요구하기에 이른다. 그래서 나온 정책이 '신농정 5개년 계획'이다. 그동안 해오던 쌀 증산 정책을 감산 정책으로 바꾸고, 쌀의 고급화·상업화를 통한 경쟁력 확보에 주력하게 된다.

풍광수토 광고 이미지 ⓒ전남담양금성농협

　그렇게 등장한 정책이 쌀의 '브랜드brand화'였다. 국내에서 생산된 쌀도 상
품화해 경쟁에 돌입하겠다는 것이었다. 수입 쌀과 최대 4배의 가격 차를 극복
하기 위해, 우리 쌀을 고품질화해 자생력을 키우겠다는 취지였다. 이렇게 최
초로 만들어진 쌀 브랜드가 전남농협의 '풍광수토'다.

　고품질화 한 쌀은 대부분 유기농쌀이었는데 높은 가격이 책정됐다. 그러니
일반 서민들에겐 '그림의 떡'이었고, 시장이 좀처럼 형성되지 않았다. 이를 본
농민들이 생산에 참여하지 않는 결과가 초래됐다. 결국 이름만 브랜드지 일
반 쌀과 별 다를 바 없는, 허명虛名의 브랜드화가 진행됐다. 그 후에도 각 도
에서 브랜드를 만들었고, 각 농협 RPC 별로도 브랜드를 만들었다. 지금은 약

2천 여 개의 쌀 브랜드가 시장에서 격돌하고 있다.

이런 '쌀 브랜드'들은 소비자들에게 인식되고 있을까. 한 조사에 의하면 브랜드 쌀의 인식률은 30% 정도라고 한다. 우리가 익히 아는 신라면의 브랜드 인식률은 약 90%에 달한다고 한다. 그러니 소비자들이 쌀의 브랜드를 인식하고 있다고 보기는 어려울 것이다.

사실 소비자들은 대부분 쌀의 브랜드보다 가격을 보고 구매 결정한다. 즉 값이 싼 쌀을 구매하는 것이 보통이다. 특히 외식업체들은 그 정도가 더 심하다. 그러니 수입쌀 95%에 국내산 5%가 섞인 혼합 쌀을 싼 가격에 현혹돼 구매하는 것이 아니겠는가. 외식이 늘어나는 추세에선, 쌀 시장이 낮은 가격에서 형성되는 게 불가결한 조건이 되어 가고 있다.

결국 쌀을 상품화시켜 경쟁을 확보하겠다는 전략은, 가격을 하락시키는 기제로 작용하고 말았다. 현재 농산물 가격을 좌지우지하는 것은 '거대 곡물 자본'과 '청과 메이저 회사'들이다. 이들이 농산물을 조금만 많이 공급해도 가격은 급락한다. 반대로 조금만 모자라게 해도 가격은 폭등할 수 있다. 경쟁력은 이렇게 자본력에 의해 조절될 뿐이다.

그럼에도 정부의 농산물 상품화 전략은 언론을 통해 대대적으로 홍보됐다. 어떤 브랜드 농산물은 일반 농산물의 두 배 이상 가격으로 팔리고, 어떤 브랜드의 쌀은 한 가마에 100만원에 팔려 나간다고 기염을 토하곤 했다. 그뿐인가. 저명인사들은 칼럼이나 기고를 통해, 농민들이 쌀에만 매달리는 시대는 지났다고 떠들어 댔다. 정부의 이런 눈물겨운 노력(?)에도 지금 국내 쌀 시장 상황은 어떤가.

1970년대엔 쌀 자급을 위해 정부와 농민이 한 마음으로 쌀 증산에 목을 매었다. 정부는 농민들의 참여와 독려를 위해 '쌀증산왕'을 뽑기도 했다. [표3]

쌀증산왕 시상은 1988년까지 계속되다 끝을 맺었다. 이렇게 산업훈장까지 주며 독려했던 쌀 증산이 된서리를 맞게 된 때가 UR이후 개방 농정 시기다. 농민들은 당시 김영삼 정부의 '신新농정'을 농민들은 '쉰농정'이라고 비판했다. 당연히 '쌀증산왕'들의 업적도 빛을 잃었다.

그중 눈에 띄는 '쌀증산왕'이 이야기가 있어 소개한다. 김연도 씨는 1984년도 은탑산업훈장 수상자다. 그의 사연은 당시 각종 언론 매체에 노출이 많이 됐다. 신문은 물론 잡지나 여성지에도 실렸고, TV에도 출연했다. 그는 한국 농업의 희망을 이야기하는 희망 전도사가 되었다. 그랬던 그가 3년도 채 안 돼, 한 시장의 생선가게 주인이 되어 나타났다. 이 사실 역시 어떤 매체가 보도한 것을 기억했다 전하는 것이다.

한 개인의 역사가 이렇게 공개적으로 거론되는 데는 그만한 이유가 있다. 바로 그가 개방 농정의 피해를 받은 대표적 인물이기에 그런 것이다. 한국 농업의 희망을 이야기하던 사람이 별안간 농사를 그만두다니, 신농정이 그에게 얼마나 달갑지 않은 정책이었을지 가늠해볼 수 있다. 또 이농을 결심한 배경이 되었을 것이라는 점도 추측 가능하다. 지금은 농산물 가공업에 종사한다

1978	이일생	경북 영일 지항 임증	내경	909.1(1모작)	은탑
	손영길	경남 밀양 단장 어촌	내경	891.8(2모작)	은탑
1979	황대영	경기 평택 현덕 화양	내경	886.5	은탑
1980	김세환	충남 예산 삽교 상하	한강찰벼	740.7	은탑
1981	정완규	경남 합천 삼가 용홍	밀량23호	902.7	은탑
1982	김승훈	충북 청원 북일 외평	풍산벼	886.1	은탑
1983	김인숙	경북 선산 선산 봉록	풍산벼	860.9	동탑
	박학원	경북 선산 도개 월령	삼강비	980.9(2모작)	은탑
	송광호	충북 영동 매곡 옥천	삼강비	908.5(중간지)	동탑
	이순희	충북 영동 용화 월전	삼강비	739.8(중간지)	동탑
1984	김연도	경북 선산 무율 송삼	삼강비	1,006.0(통일1모작)	은탑
	이창운	충북 영통 매곡 장척	삼강비	894.5(통일2모작)	동탑
	전완식	전북 김제 상덕 묘라	선진벼	798.8(자포니카1모작)	동탑
	고대식	전북 군산시 사정동	섬진벼	737.4(자포니카2모작)	동탑
	이연병	강원 철원 동숭 오덕	여명벼	932.4(중간지)	동탑
	신충하	충북 제원 덕산 신현	오대벼	825.4(산간지)	동탑

[표3] 역대 '쌀증산왕' 들의 신상과 품종, 면적 당 생산량, 표창 내용 ⓒ국가기록원

농사의 종말

는 소식을 접한 바 있다.

　사실 그 시기 수많은 농민들이 농사를 뿌리치고 도시로 가는 대열에 합류했다. [표4]는 1960년부터 2000년까지 우리나라 인구 변화를 도시와 농촌으로 나누어 비교한 것이다. 표를 보면 농촌의 인구 감소 폭이 가장 큰 시기는

단위:%

연도	전국	도시	농촌		
			전체	읍부	면부
1960~1966	2.6	5.7	1.2	–	–
1966~1970	1.4	6.8	-1.6	–	–
1970~1975	2.4	5.7	-0.3	5.5	-2.0
1975~1980	1.5	5.0	-2.2	4.1	-4.2
1980~1985	1.6	4.3	-2.6	1.2	-4.3
1985~1990	1.4	4.1	-4.5	-5.6	-4.0
1990~1995	0.6	1.6	-2.9	-0.6	-4.1
1995~2000	0.7	1.0	-0.4	1.5	-1.6
1960~2000	1.5	4.2	-1.6	1.3	-2.6

[표4] 1960년~2000년까지 우리나라 도시·농촌 인구 증감율

ⓒ경제기획원 및 통계청, 해당 연도 인구센서스 보고서

1985~1990년 사이인데, 4.5% 감소한다. 이는 1900~1995년까지 이어진다. 그와 같은 급격한 인구 감소는 UR과 이후 신농정의 결과라고 필자는 판단한다.

이러한 상황에 대한 정부의 대응 방향은 우리나라 농업을 선진국 형으로 바꾸어 공격적으로 대응하겠다는 것이었다. 이른바 규모화, 단작화, 전문화란 것이었다. 농민들은 이 정책에 대해 "규모화 하면 규모적으로 망하고 전문화 하면 전문적으로 망한다"는 비판 구호를 외쳤다. 대대적인 농촌 구조조정의 서막이 오르고 있었다.

정부의 농민유인책은 오로지 42조원에 달하는 막대한 농촌 구조조정 자금이었다. 자금의 종류도 많고 액수도 커지니 농협의 담보 대출로는 한계가 있었다. 그래서 신용보증을 하고, 돈을 빌리는 농민끼리 서로를 보증해주는 '어깨보증'이란 것까지 등장했다. 이는 훗날 농촌에 회오리바람을 몰아온다. 이때 해당 자금을 타내기 위해 면서기나 농협 직원들을 다방으로 불러내 협의하던 농민들을 '다방농민'이라 부르고, 정부 정책에 반대해 도시에 나와 시위하는 농민을 '아스팔트농민'이라고 구분해 부르는 촌극이 펼쳐지기까지 했다.

농촌 구조조정은 1990년대 이후 정부의 일관된 정책인가, 아니면 일 순간의 정책 오판인가. 언뜻보면 정책 오판 같지만 그 반대다. 농민들이 대면하는 영혼 없는 농식품부 공무원들은 그 윗선의 논리를 떠받치고 있었을 뿐이었

농사의 종말

다.

드넓은 토지에 최첨단 기술을 가진 농업 선진국을 우리나라가 따라잡는 것은 불가능한 일이었다. 게다가 농산복합체의 자본력이 전 세계 농산물 유통까지 장악하고 있는데, 이 같은 상황을 '경쟁력 강화'란 구호로 얼버무리려 하다니 어림없었다. 사실 '개방 농정'이란 정부의 정책기조는 1970년대 산업화 과정에서 이미 결정 난 것이기에, 이를 바꾸거나 새 패러다임을 말하는 것은 역부족이었는지도 모른다.

정부는 관료들을 동원해 정부 기조에 농민들이 쉽게 동조하도록 만들고 쉽게 넘어 가도록 일을 도모했다. 그들의 혁혁한 공으로 정부는 쌀시장 연착륙 작전에 성공하고 있다고 판단하고 있을 것이다. 쉽게 말해 그 간의 정부 정책은 우리쌀 가격을 낮추어 수입쌀과의 가격 차를 줄이는 것이었다.

1993년 당시 김태수 농림수산부 차관이 〈시사저널〉(1993. 12. 9)과 한 인터뷰를 보면 정부의 인식이 단적으로 드러난다. 아래는 인터뷰 내용 일부를 발췌한 것이다.

질문 우루과이 라운드와 관련해 농림수산부가 개방 쪽으로 기운다는 비판이 있습니다.

답변 신농정의 취지를 오해하는 데서 비롯된 것 같습니다. 개방 압력에 소극적·수세적으로 대처할 것이 아니라 오히려 개방화를 계기로 우리 농림수산업의 현황을 정확히 파악하여 이를 토대로 개방 압력을 극복하고 나아가 수출 산업으로 육성하자는 공격형 농림수산업을 일부에서 오해한 것입니다. 어느 정부가 자기 시장을 대책 없이 개방하여 피해를 주려 하겠습니까.

질문 한국에 쌀 시장 개방을 저지할 능력이 있다고 보십니까?

답변 물론 쉽지 않다는 것을 알고 있습니다. 특히 일본이 쌀 시장 개방을 결정한 것처럼 언론에 보도되어 많은 우려를 낳고 있는 것도 사실입니다. 정부는 앞으로 쌀의 관세화 및 최소 시장 접근을 허용할 수 없다는 우리의 기본 입장을 반영하기 위해 협상에 최대한 노력을 기울일 것입니다. 농민들께서도 좀 더 인내심을 갖고 지켜봐 주시고 언론도 국익 차원에서 신중히 보도해 줄 것을 부탁드립니다. 언론의 추측 보도는 우리나라의 협상 입지를 크게 손상할 뿐만 아니라 6백만 농어민을 비롯한 모든 국민에게 혼란과 불신을 야기할 뿐입니다.

질문 신농정은 개방화를 빙자하여 비교우위론에 바탕을 두어 농업보호 정책을 포기하는 것이라는 의혹도 있습니다.

답변 신농정은 좁은 땅과 단순 노동력에 의존해오던 전통적인 농림어업을 자본과 기술을 중심으로 하는 산업으로 탈바꿈시켜 경쟁력과 자생력을

농사의 종말

갖추도록 하자는 데서 출발합니다. 신농정은 과거와 같이 농림어업을 맹목적으로 보호하는 것이 아니라, 개방화라는 국제 사회의 흐름에 맞춰 경쟁력을 획기적으로 강화함으로써 적극적이고 실질적으로 농림수산업을 보호하자는 것입니다.

질문 신농정이 식량 자급 문제를 소홀히한다는 지적이 있습니다.
답변 식량 자급형 농업이나 생활 보장형 농업도 근본적으로 생산성을 향상하고 경쟁력을 확보하지 않고는 이루어지지 않는다는 것을 알아야 합니다.

질문 배추 파동에서 확인됐듯이 농어민은 정부를 믿지 않습니다.
답변 과잉 생산이 우려되어 배추 경작 면적을 20% 줄여야 한다는 홍보 전단을 배포하였습니다만 실제 파종 면적을 조사해보니 줄이기는커녕 작년보다 50%나 더 늘려 심은 결과를 초래했습니다. 남이 줄일 것이니 나는 늘려 보자. 나 하나쯤 안 줄여도 되겠지. 정부 말은 듣지 말라는 이유 때문이었습니다. 농산물은 공산품과 달라 정부의 힘만으로 수급을 조절할 수 없습니다. 일본도 사정은 우리와 비슷한데 파동이 크게 부각되지 않는 것은, 농민 스스로 출하량을 줄이거나 정부가 넘치는 생산량만큼 폐기하기 때문입니다.

질문 그만큼 정부가 그동안 못 믿을 행동을 해왔기 때문 아닙니까?

답변 정부 시책은 국민의 신뢰를 바탕으로 할 때 효과가 크게 나타납니다. 그런 분위기를 정부가 먼저 마련해야겠지요. 그러나 농정 시책을 마련할 때 미리 공청회·토론회·설명회를 개최해 의견을 수렴해도 그때 제기된 의견이 그대로 반영되지 않으면 공청회 자체를 요식 행위라고 비난합니다. 농정 담당자로서 안타깝기 그지없습니다.

질문 추곡 수매가와 물량에 대한 농민의 저항이 거셉니다.

답변 지난해 추곡수매를 기준으로 할 때 수매가를 1% 인상할 때 농가에 실질적으로 돌아가는 혜택은 평균 1만 8천 원이었습니다. 반면 한 가마를 더 수매할 경우 그보다 2배 수준의 추가 수입이 발생했습니다. 그래서 수매가 인상률보다는 수매량에 중점을 두었습니다. 수매가 인상률도 지난해의 6%에 비하면 낮지만 실질적으로는 높습니다. 내년부터는 쌀값의 계절 진폭을 7% 허용해 추곡 수매 외에도 5% 정도 가격 인상 효과가 추가되기 때문입니다. 80년 냉해 때 25%를 인상한 것과 비교하기도 하지만 물가를 비교해야 합니다. 80년에는 생산자가 물가가 42.3%나 올랐지만 올해의 생산자물가는 1.7%입니다.

질문 추곡수매 제도는 양특 적자를 가져오는 등 비효율을 낳고 있지 않습니까.

답변 지난 20여 년간 이중곡가제를 근간으로 하는 정부수매 제도를 운영한 결과 정부 재정 부담은 과중하면서 생산 농민과 소비자 어느 쪽도 만족시켜 주지 못하는 결과를 초래했습니다. 이러한 구조적 비효율을 제거하기 위해 양정개혁 방안을 내놓았습니다. 민간 유통 활성화와 질 좋은 쌀을 생산하도록 유도하는 것이 골자입니다. 민간 유통 활성화와 질 좋은 쌀을 생산하도록 유도하는 것이 골자입니다. 단편적 시야에서 대안없는 논쟁을 되풀이하지 말고, 정부의 시책을 장기적인 안목으로 평가해주십시오. 장기적 시야에서 농촌을 되살리기 위해서는 경쟁력을 높여야 합니다.

김 차관은 국민에게 안전한 먹을거리를 안정적으로 공급해야 하는 농수산부의 책임자로서, 농사의 100년 대계를 내놔도 모자를 판국에 농민들에게 화살을 돌렸다. 정부 책임을 회피한 것은 두고두고 역사에서 평가를 받아야 할 일이다.

정부 입장을 농민들에게 나팔수처럼 되뇌는 게 농수산부 역할인지 묻지 않을 수 없다. 자동차, TV 수출은 당장 이익이 되지만, 농지 보전과 식량자급률 확보도 장기적으론 이익이 된다는 것을 말을 안 하는 것인지 못 하는 것인지 궁금하다. 게다가 언론은 당시 정부의 계획을 홍보하고 이를 따라야 한다고 강변했다. 이때 농민들은 "정부가 하자는 대로 하면 망할 것, 정부의 하자는 반대로 하면 살아남을 것"이란 말을 했다. 오죽하면 그런 자조 섞인 말이 돌았을까?

아무리 대단한 대통령이라고 하더라도, 이 같은 난제를 해결하는 일은 우리 농업을 지키겠다는 강건한 의지가 없으면 못할 일이다. 정부의 농업 포기 정책은 상당히 역사가 길다. 김영삼 정부 '신농정 5개년계획'은 경쟁력 확보란 허언에 농업 축소라는 정책기조를 숨기는데 초점이 맞춰진 것이었다. 최초의 쌀 브랜드 '풍광수토'는 농민들을 현혹하고 속이는데 온 힘을 기울인 결과로 나타난 것이었다.

한국 농업이 근대의 틀을 벗고 전문화·규모화의 길을 선택하는 것이 가져올 폐해에 대해서는 눈꼽만큼의 숙고도 없이 강경일변도로 몰아붙인 '신농정 5개년 계획'. 그 결과가 농가 경제 파탄, 농민 연쇄 음독자살로 이어졌음을 기억해야 있다. 그때부터 이어진 농업 포기 정책 구현은 오늘까지도 변함없이 진행되고 있다. 그 한 갈래가 2021년 초 드러난 LH 투기 사건이며, 헌법에 보장된 경자 유전耕者有田이 외면되는 현실이다.

농사의 종말

GMO에 포위된 한국 농업의 미래

식탁 위 안전 문제에서 들판의 농업 문제로 확대된 GMO

우리는 지금 식탁에 오르는 GMOGenetically Manipulated Organism, 유전자 변형 생물체로 만든 식품이 얼마나 되는지 알지 못한다. 또 내가 먹고 마시는 것들 중 어떤 것이 GMO 식품인지도 모른다. 우리 국민이 먹는 것들 중에 어떤 것이 GMO 식품이고 얼마나 먹고 있는지에 대한 공개된 통계가 없다.

정부는 GMO 식품을 수입하는 업체가 얼마나 되는지, 어느 업체들인지 밝히지 않고 있다. 현재 우리가 알 수 있는 것은 수입되는 GMO 곡물의 양과 수입사, GMO 곡물로 만들어졌을 것으로 추정되는 식품류 정도다.

아래 표는 식용 또는 가공용으로 수입되는 GMO 곡물의 연도별 수입량, 업체별 수입량을 정리한 것이다. 2017년 한 해에만 221만톤 가량의 식용·가공용 GMO 곡물이 들어왔다. 우리 국민이 한 해 먹는 쌀 수요량450만톤 절반 수준을 그 해에 수입해 먹었던 것이다. 이렇게 소비자들은 모르는 사이에 다양한 형태로 GMO 식품을 섭취하고 있다. [표5]

연도별 수입량			업체별 수입량(2013~2017)		
연도	총수입량(kg)	증가율(%)	업체명	수입량(kg)	비중(%)
2013	1,764,178,000	-	㈜CJ제일제당	3,536,310,147	34.1
2014	2,087,940,000	18	㈜대상	2,281,442,941	22.0
2015	2,181,049,000	4	㈜사조해표	1,684,011,911	16.3
2016	2,114,366,899	-4	㈜삼양사	1,594,814,018	15.4
2017	2,212,751,854	4	㈜인그리디언코리아	1,261,307,655	12.2
총계	10,360,285,753		기타	2,399,071	0.02

[표5] 2013~2017년 간 식용 GMO 농산물 수입 현황 ©경제정의실천시민연합

지난 1996년 상업화를 시작한 GMO는 '유전자 변형 생물체'를 뜻한다. 과학자들은 환경 변화 등 여러 가지 이유로 인류의 미래 먹거리 생산이 불안정한 상황에서, GMO가 반드시 필요한 필요한 기술이라고 강변하고 있다. 지금까지 해왔던 육종이나 교잡 방식의 품종 개량은 한계에 이르렀기 때문에 유전자 변형 방식으로 전환해야 한다고 한다. 그러나 '유전자 변형'엔 과연 문제가 없을까?

GMO가 상용화된 첫 작물은 '감자'였다. 연구자들은 이 감자에 문제가 없는지 분석했다. 1998년 영국 스코틀랜드 작물시험장 로웨트Rowett 연구소

농사의 종말

와 두햄Durham 생물학 대학이 3년 동안 농수산 환경부의 용역 의뢰로 GMO 가 생체에 미치는 동물 실험연구 결과 세계 최초로 내놨다. 유전자 조작 감자 를 실험실 쥐들에게 계속 먹였더니, 면역력이 떨어졌고 간과 췌장 등이 작아 졌다. 암발생 확률도 높아졌다.

이 같은 결과가 발표되자 'GMO 논쟁'은 일파만파로 커졌다. 쥐 실험 결과 는 사람에게도 마찬가지일테니 사람이 먹어서는 안 된다는 여론이 급증한 것 이다. 그러자 GMO를 상용화해 재래식 농업을 밀어내고 그 자리를 대체하려 는 세력, 즉 글로벌 농산복합체들이 당장 반격하고 나섰다. 그들은 자본력을 바탕으로 연구자와 언론을 동원해 해당 연구 결과를 반박했고, 일부 국가들 에 GMO의 안전성에 대해 증명하도록 요구하기도 했다.

이런 GMO 작물을 한정된 지역에서만 기르고, 제한적으로 이용하면 괜찮 은 것일까. 그렇지 않다. GMO 작물을 재배하면 인근으로 종자들이 퍼지는 경우가 상당수 있는 것으로 보고되고 있다. 이것이 주변 생태계를 교란할 것 이란 우려가 높다.

현재 글로벌 농산복합체들은 자신들의 GMO 옥수수나 콩을 키우기 위해 남아메리카의 드넓은 밀림에 불을 지르고 있다. 숲을 태우면 이산화탄소를 가두는 기능이 떨어져, 탄소 배출량이 늘어난다. 해당 작물을 기르는 것이 환 경 파괴에도 일조하는 셈이다.

GMO 옥수수나 콩은 제초제에 견디는 유전적 특징을 가지고 있다. 밭에 제초제를 뿌리면 풀은 죽고 콩과 옥수수만 살아남는 식이다. 이런 작물들엔 제초제의 주성분인 글리포세이트Glyphosate가 잔류하게 된다. 소나 사람이 섭취했을 때 2A급 발암물질2015년 WHO 산하 국제암연구소 IARC 발표인 글리포세이트가 몸 안에 축적될 가능성이 높다. 또한 제초제는 땅에 남아 토양의 유익균을 무차별적으로 죽여 비옥도를 떨어뜨리고 지하수를 오염시킬 가능성도 있다. 그 땅에서 일하는 사람, 그 수계의 물을 마시는 사람의 안전이 위협받게 되는 것이다.

이런 사례들을 보면 글로벌 농산복합체 몬산토나 신젠타, 바이엘 등이 자신들의 이익을 위해 지구를 해치고 농사를 죽이고 사람의 생명을 위협하는 '배드 사이언스Bad Science'를 밀어붙이고 있다고 밖에 볼 수 없다.

지난 2016년 농민들과 소비자들이 전라북도 완주로 옮겨 온 농촌진흥청 앞에서 기자회견을 열었다. 이들은 성명서를 통해 "식량 자급률 23% 수준인 우리나라에서 국산 GMO 농산물이 출현하면, 생산비와 가격 면에서 경쟁력 없는 우리 농업은 안전성 측면에서의 차별성까지 사라진다. 박근혜 정부 들어 완전히 개방된 국제 쌀시장에서 경쟁력이 거의 없어진다"고 토로했다. 그러면서 "농촌 산내들의 환경 생태계가 오염, 파괴될 것이 뻔한 GM 벼 상용화를 즉각 중단하고, GMO작물개발사업단은 즉각 해체돼야 한다"라고 촉구했다.

농촌진흥청은 지난 2014년 경기 수원에서 전북 완주로 이사를 했다. 이사 후에도 수원에서 해 왔던 GMO 농산물 연구를 계속했다. 2016년 농촌진흥청

2016년 7월 2일 농촌진흥청 앞에서 열린 유전자조작작물 개발반대 전국행동의 날. ⓒ민중의소리

이 GM 벼 상용화 발표를 하자, 이를 받아들이기 어려웠던 지역 농민들이 정부기관의 GMO 재배 사실을 세상에 알린 것이다. 농도인 전북, 그것도 만경평야와 호남평야로 연결되는 길목에서 GM 벼를 연구하다니 충격적인 일이었다. 그 벼의 꽃가루가 호남평야 곡창지대로 날아가 다른 벼들을 오염시키면, 농업을 주로 삼는 전북 지역은 망한다는 위기감이 고조됐다.

소비자들의 식탁 위 문제가 농민들의 들판의 문제로까지 확대된 것이다. 그동안 GMO 문제에서 한발 떨어져 있던 농민들까지 움직이게 했다. 이들이 함께 성명을 발표하고 또 농촌진흥청을 찾아가 기자회견을 하며, 이 문제는 시민 사회 전반의 문제로 확대됐다. 이후 밀양과 목포에서도 GMO 자연계 재배가 진행됐음이 확인됐고, 소비자·농민 단체는 물론 종교계까지 반대를 표명한다. 그러자 정부는 국민적 합의가 있을 때까지 GMO 재배를 하지 않겠다는 발표를 한다.

GMO 국내 자생 현황 ⓒ국립생태원

　GMO가 농촌과 생태계의 위협으로 떠오르고 있으니, 농민들이 GM벼 재배를 반대하는 것은 당연하다. 이 농민들은 주로 친환경 농사를 확대하고자 노력하는 이들이다. GMO는 GAPGood agricultural practices, 우수 농산물 관리제도에서는 허용되지만 친환경농법에서는 허용되지 않는다. 그래서 이들은 GMO 자연계 재배 시 일반농지가 오염될 수 있다고 판단하고 있다

　이미 전국 59개 지역에서 GMO 작물의 자연계 생육이 확인됐다. GMO 작물의 농생태계 교란 우려가 현실로 나타나기 직전이다. GMO 재배가 확대되면 언제 어디에서 프랑켄슈타인 같은 '괴생명체'가 탄생할지 모를 일이다.

　이 같은 문제의 발단은 이명박 정부 시절인 2011년까지 거슬러 올라간다. 그해 농업진흥청은 우리 농업의 기술 경쟁력을 높이고 농업을 생명산업으로 전환한다는 목적으로 '차세대 바이오그린21' 사업을 본격적으로 시작한다. 삼성경제연구원 출신 인사인 민승규 당시 농업진흥청장은 "생명공학은 무한한 가능성을 지닌 미래 성장동력으로 건강, 식량, 환경, 기후변화 등 인류의

농사의 종말

난제를 해결할 꿈의 기술"이라며 "농진청은 앞으로 의학, 공학, 환경, 식품분야 등과 연계한 다양한 융·복합기술을 개발하기 위해 적극 노력할 것"이라고 밝힌다.

민 청장은 같은 해 3월 '생명공학작물 국제현황 보고회'를 열고, GMO 작물의 효용성을 알리려고 했다. 그 자리에는 몬산토, 신젠타의 한국법인 관계자들과 GMO 홍보대사 격인 사람들이 참석했다. GMO 농산물이 도입되고 재배가 추진되는 배경에는 이처럼 정계, 재계의 손길이 있는 것이다.

미국 몬산토 사는 '라운드업Roundup'이라는 제초제로 막대한 매출을 올린다. 이 라운드업은 작물을 재배하는데 가장 큰 골칫거리인 잡초를 제거한다. 이것을 치면 각종 잡초를 비롯해 모든 작물이 다 고사한다. 몬산토는 라운드업을 뿌렸음에도 죽지 않고 살아남은 토양미생물을 발견하고 거기서 라운드업 저항성 유전자를 찾아냈다. 그리고는 이것을 콩과 옥수수에 이식해 GMO 콩과 옥수수를 만들어 냈다. 그 결과 라운드업에 다른 풀들은 다 죽지만 이 GMO 콩과 옥수수는 산다. 몬산토 사는 이를 팔아 거대 농산복합체로 발돋움했다.

이처럼 글로벌 농산복합체들은 유전자 조작을 통해 농작물들에 각종 저항성을 부여하고 발아가 안되도록 불임 처리도 한다. 거기에 제초제, 살균제, 살충제를 만들고, 농산물의 저장·가공·유통에도 관여하고 있다. 그리고 막대한 금권을 발휘해 자신들의 이권을 방어하도록 정치권력을 동원하기도 한다. 이들의 목표는 지구상의 모든 먹을거리를 자신들의 지배 하에 두겠다는 것이 아닐까. 그런 미래에서 농민이 설 자리는 아예 없어지고 말 것이다.

농산복합체들이 좌지우지하는 자본 농업은, 농민들이 호미를 집어던지게 하고 소비자의 등골을 빨아먹는다. 남미의 아르헨티나가 식량주권을 잃어버린 것은 몬산토 등 GM작물 업체들이 아르헨티나 농민들의 농토를 빼앗아 버렸기 때문이다. 자본은 이윤 취득을 목표로 하기 때문에, 종종 소비자를 현혹하고 속인다. 이들이 파는 값싸고 겉은 번듯한 농산물 속에 어떤 위험이 숨겨져 있는지 알리지 않는다.

그럼에도 우리나라는 '식량 안보'라는 구호 아래 GM작물 개발과 상용화에 열을 올리는 일이 어이없는 일이 벌어지고 있다. 앞에 거론된 민승규 외에도 많은 학자, 교수 정치인들이 몬산토 같은 농산복합체와 카길 등 거대곡물자본들의 앞잡이 노릇을 하고 있다. 나는 그 결과물이 GAP로 나타나고 있다고 본다.

지난 2016년 이들은 저농약 인증을 중단하고 GAP로 전환해야 한다고 침을 튀겼다. 실제로 정부는 그해 폐기했다. 저농약 인증제는 다른 친환경 인증제처럼, 제초제 사용을 금지하고 농약 및 화학 비료의 사용량도 제한한다. 그러나 GAP는 전혀 친환경 인증제가 아니다. 제초제 사용을 허용하는 것은 물론 앞서 언급한 것처럼 GMO 재배에도 제한이 없다.

그해 농촌진흥청은 학부모들이 모인 자리에서 학교급식에서 GAP 농산물

농사의 종말

이 사용돼야 한다며 "농약은 과학"이란 말을 했다고 한다. '안전하다'는 취지의 주장이겠지만, 농약 친 농산물이 안전하다는 것은 장사꾼이 "밑지고 판다"는 말과 다르지 않다. 그런 억지를 소비자들에게 강요해서야 되겠는가. 농촌진흥청이 할만한 말이 아니다. GAP가 농약은 물론이고 제초제와 GMO를 허용한다는 사실을 숨기고 '좋은Good 농산물'이란 말을 붙여 현혹하는 잔꾀를 부렸던 것이다.

현재 소비자들은 건강 상 우려를 표하며 GMO 식품 완전표시제를 요구하고 있다. 역사상 되짚어 보면, 한 때 안전하다고 판정한 것도 이후에 그렇지 않은 사례가 수없이 등장했다. 그러니 소비자들이 자신들 입장에서 GMO 완전표시제 도입을 촉구하는 것은 당연하다.

문제는 농민들이다. GMO 도입 같은 한국 농업의 종말을 앞당기는 정책에 속수무책으로 당하는 것은 물론 동참하고 있다. 이는 농생태계의 변화와 자본에 의한 농사의 종말을 알지 못하기 때문이다. 아마 지금도 더 좋은(?) 생산물 생산에 열중하며 몬산토가 만든 라운드업을 뿌려대고 있을 것이다. 규모화, 전업화가 가지고 온 한국 농업의 몰락을 지켜봤다면, 이제는 자신만은 살아남을 수 있다는 오만을 버려야 하지 않을까.

농촌 새마을운동으로
농민들은 잘 살게 되었나①
구조적 문제 외면한 전시 행정

　필자가 중학교 2학년쯤 되었던 1970년 무렵, 새마을운동이 불같이 전국으로 퍼져 나갔다. 아침마다 동네에선 새마을 노래가 흘러나오고, 마을에는 초록색 바탕에 노란 새싹이 그려진 새마을 모자를 쓴 사람들이 바쁘게 움직였다.

　농촌 사람의 표상처럼 되어버린 새마을 모자, 그 모자는 일종의 권력이었다. 그 권력은 새마을운동의 근원적 힘이라고 평가되는 자발성을 의미하기도 했다. '근면, 자조, 협동'이라는 기치는 농민들에게 새로운 자극제가 되었다. 아니, 그보다 눈앞에서 벌어지는 변화가 그들을 자극했을 것이다. 초가지붕이 슬레이트 지붕으로 바뀌고, 비만 오면 진흙탕이 되던 마을 길이 깔끔하게 시멘트 포장됐기 때문이다.

　그러나 새마을운동을 농민들의 자발성에 기초한 것으로는 볼 수 없다는 연구가 적지 않다.

　『그들의 새마을운동』이라는 책을 낸 김영미 교수는 "새마을운동의 수행 주

농사의 종말

1975년 농수산부가 발행한 '새마을 소득증대 백서'내에 담긴 근면, 자조, 협동이라는 박정희의 글씨 ⓒ한도숙

체인 농민들은 자율적 존재가 아니라 동원된 주체들이다. (중략) 새마을운동의 작동 원리에서 강제성은 기본적인 동력이었다. 자발적 농민 운동을 표방한 새마을운동의 이면에는 권위주의적 정치 질서와 행정 방식이 작동하고 있었다. 안 하면 안 되는 강제성이 새마을운동의 성공 신화를 만들어낸 동력의 한 축을 이루고 있었다"라고 평가한 바 있다.

새마을운동이 한창 진행되던 당시를 떠올려 본다. 당시 박정희는 연설에 '나는 가난한 농민의 아들로서'라는 말을 쓰기를 즐겨했다. 이 구호 아닌 구호가 농민들의 마음을 움직이게 했을 것 같다. 앞선 대통령들을 보면 이승만은 미국 박사요, 윤보선은 대지주 집안 출신이었다. 이 표현을 들을 때마다 농민들은 자신들이 박정희와 같은 계급이라는 동질감을 느꼈을지도 모른다.

또 새마을운동 동안 과거 머슴의 딸이 부녀회장으로 선출되는 경우도 있었

으니, 신분 상승(?)을 경험한 이들의 충성(?)은 당연한 일이다. 새마을운동 지도자들이 최고권력자로부터 인정받고 있다는 데에 순박한 농민들은 감동하지 않을 수 없었다. 마을 길과 공동 창고와 마을 회관을 만드는 데에 땅과 노동력을 조건 없이 내놓았다. 이는 장기집권을 위해 농촌을 겨냥한 박정희에게 뜻밖의 성과로 돌아왔다.

새마을운동은 농민들을 도시로 내모는 데도 기여했다. 당시 정부는 각 마을에 시멘트를 나눠주고 성과를 못 내면 지원을 끊었다. 경쟁심이 불타오르면서 두레·품앗이 공동체가 깨졌다. 이웃 간의 도움 없이 농사를 짓기 어려웠던 이들이 일거리를 찾아 도시로 떠나게 됐다. 이와 함께 급속히 진행한 박정희 정부의 도시화, 공업화가 농촌 해체 속도를 더 높였다. 새마을운동이 시작된 지 10년 만에 농촌 인구는 급감했다. 1970년엔 전체 인구의 45%인 1,400만 가량이 농촌에 살았으나, 10년 후엔 300만 명 넘게 줄어 약 23%인 1,000만 명 밖에 남지 않았다.

역사학자 한홍구는 박정희의 새마을운동이 1930년대 조선총독부가 추진한 '농촌진흥운동'을 빼닮았다고 지적한다. 박정희가 1970년 제창한 '새마을 가꾸기'란 조선총독부의 '아타라시이 무라 쓰쿠리 新村作り運動'를 글자 그대로 번역한 것이라고 한다. 하물며 '새마을 노래'도 일제의 '농촌진흥가'를 모방했다고 한다.

박정희가 1937년부터 만 3년 간 교사로 근무했던 문경공립보통학교는 농촌진흥운동의 일환으로 두 곳의 갱생농원을 경영했고, 박정희는 이 농원에 나가 40여일 간 지도를 했다고 한다.

위 신문 기사에서 나온 것처럼 1930년부터 시작한 농촌진흥운동은 지지부진하다 1932년 들어 활발해진 것으로 보인다. 일제의 농촌진흥운동은 새마을운동과 마찬가지로 '관 주도형'이었다. 영동군에서 면장들이 나서 장날 흰옷 입은 사람에게 물감을 뿌리는 만행을 저질렀다고 한다. 이는 흰옷을 강하게 선호했던 조선인들의 정체성을 훼손하기 위한 것으로 보인다.

이렇게 농촌진흥운동과 새마을운동은 이념, 방법, 역사적 배경까지 유사한 점이 많다.

사실 박정희는 농민들이 "무지와 빈곤 속에서 살면서도 더 잘살아보겠다는 생각은 없고, 나태와 질시 속에서 음주와 도박으로 소일하고 있다"고 비난하곤 했다. 농촌이 궁핍한 원인을 농민들이 게으르거나 자포자기한 탓으로 돌리는 것도, 박정희의 새마을운동과 일제의 농촌진흥운동이 유사했다.

그래서인지 정책이 농민들의 자각, 자조를 돕는 방향으로 추진되지 않고, 일제의 농촌진흥운동 방식의 강제 동원으로 추진됐다. 또 유신 체제에 강력히 밀착된 형태로 진행됐기 때문에, 농민의 이익을 대변하는 변혁 세력, 정부의 농촌 정책과 농업 정책을 비판할 수 있는 농민 세력의 목소리가 반영될 수 없었다.

새마을운동은 초기에는 청와대가 직접 주도했다. 핵심은 박정희였다, 초기

실무 차원에서는 내무부가 중심이 됐다. 여기에 경찰, 건설부, 보건사회부가 한 분야씩 책임을 지고 다른 부처들이 협조하는 모양새였다. 그런데 뒤로 갈수록 농촌 소득 증대 사업이 중요시되면서, 1970년대 중반 이후엔 농수산부가 관련 업무를 도맡게 됐다.

이렇게 관 주도로 진행되다 보니, 유신체제의 경직된 분위기 속에서 농민들을 억압하는 일이 잦았다. 공무원들은 '여름에 덥고 돈이 많이 드는 슬레이트 지붕보다 초가지붕이 더 좋다'며 지붕 개량을 하지 않는 집을 찾아가, 지붕을 갈고리로 뜯어냈다. 또 식량 증산을 위해 도입한 통일벼를 심지 않은 못자리를 확인해 장화 신은 발로 짓밟는 일도 빈번하게 일어났다.

새마을운동이 진행될 무렵의 농가 지표를 들여다보자. 1970년에 접어들며 농가소득은 도시근로자 가구 소득의 70% 선으로 급락했다. 농가 호당 평균 부채는 1962년 4751원에서 1969년 1만2518원으로 크게 늘어났다. 농촌 경제가 날로 악화되고 있었던 것이다.

이런 상황에서도 농촌에선 박정희 지지가 우세했다. 여촌야도 현상은 1971년 총선에서도 여전해, 박정희 정권을 지탱하는데 도움이 됐다. 그러나 농촌에서의 여당 지지율은 급감했다. 1967년 총선에서 67%이던 것이, 1971년 총선에서는 58%로 크게 감소했다. 박정희가 계속 집권하려면 농촌에서의 지지율을 유지하고, 도시의 반정부 기운이 농촌으로 퍼지지 않게 해야 했다.★

1970년대는 새마을운동과 농업 정책 모두 식량 자급을 목표로 식량 증산에 집중하는 시기였다. 그러나 유신 후기로 가면 식량증산 시도 역시 위기에 처하게 된다. 1977년 소출 4천만석을 달성했다고 하지만, 밥맛이 떨어지는 통일벼는 점차 농민들의 외면을 받게 된다. 그런 가운데 유신 벼가 새로 나왔고 정부는 이걸 장려했다. 그러나 유신 벼에선 '마디썩음병'이 발생해 많은 농민들이 피해를 봤다. 뒤이어 등장한 게 '노풍' 품종인데, 육종자 박노풍 씨의 이름을 따 노풍이라 하였다. 1978년, 도열병이 유행해 노풍 벼 품종을 심은 곳엔 엄청난 피해가 발생했다. 이 노풍 피해는 쌀 수입의 빗장을 열어버리는 결과로 이어졌다. 배가 고파 한 번에 많이 먹으려다 체해버린 꼴이었다.

노풍 피해 이후 통일벼 보급율은 더 급감한다. 그 결과 쌀 생산량도 급감한다. 1979년 3870만 석이었던 것이 1980년에는 2470만 석으로 36%나 감소했다. 1980년에 엄청난 냉해가 있었다고는 하지만, 이것도 신품종이 냉해에 약하다는 사실을 간과해 벌어진 일이다. 결국 정부 주도의 새마을운동과 농업정책이 개방농정을 하도록 원인을 제공한 걸로 볼 수 있다.

돌이켜보면 1970년대는 농민, 농업, 농촌을 새롭게 할 정책을 펼칠 수 있는 아주 중요한 시기였는데, 이것이 제대로 되지 않은 것이다. 이때 농업 생산력을 단순한 주곡 생산력으로만 따지지 말고 전반적인 농업 생산력 증대로 봐야 했다. 또 계속 남아 살 만한 공간으로서의 농촌을 만들고, 농촌에서 삶을

★ 한홍구의 유신과 오늘, 그 덕에 농민들은 정말 잘~ 살게 됐나요? 〈한겨레〉 2013. 3. 22 일부 인용.

영위하는 농민의 의사를 반영한 정책을 만들었어야 했다. 박정희는 아주 중요한 시기에 그러한 것들을 다 놓치고 말았다.

당시 크리스찬 아카데미 강좌에서는 농촌의 현실을 분석했다. 그들은 박정희 정권의 '수출주도형 산업 구조'를 농촌 발전 저해의 원인으로 주목했다. 값싼 노동력은 시장에서 가격 경쟁에 유리하고, 값싼 농산물은 노동자를 저임금 상태로 묶어두기 위해 필요하다. 농산물 가격이 지속적으로 낮아 생계가 어려워진 농민들은 탈농하여 도시의 노동시장으로 진입한다. 이런 흐름으로 저임금 구조가 완성된다고 진단했다. 진보적인 학자들은 이 구조에 집중해 '자주적 농업경제론'을 설파했다. 그러나 유신 정권은 이러한 논리들이 새마을운동을 방해한다고 인식하고 여러 조직 사건을 벌여 이들의 주장을 묵살해버렸다. [그림1]

박정희가 이런 선택을 한 이유는 경제 발전을 비롯한 모든 것에서 단기 성과에 치중할 수밖에 없었기 때문이다. 한눈에 보이는 농촌의 겉모습, 식량 자급, 주곡 생산, 이런 것에만 집착했다. 농업 구조조정 정책이나 자립형 또는 경영형 농민 육성 같은 것은 생각조차 하지 못한 것 같다. 농산물 시장 개방에 대비하는 것 역시 마찬가지다. 그리고는 농업을 희생시켜 공업을 성장시키는 방식을 선택했던 것이다.

1979년 7월에 발간된 〈신동아〉에 이런 글이 실려 있다. 이 글에서는 새마을운동이 성공적인 농촌 근대화 전략이었다면 "1960년대 전반에 농촌인구 100

농사의 종말

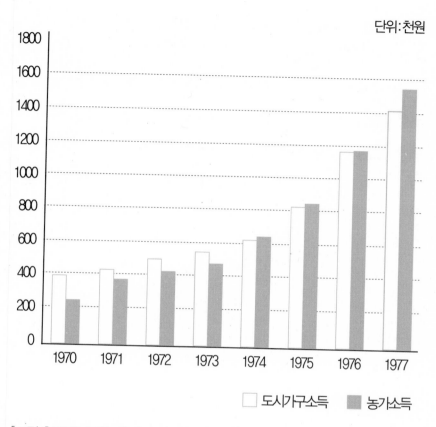

단위:천원

[그림1] 1970년대 농촌과 도시 가구 소득 비교 ⓒ성공회대 새마을운동연구팀, 아이엠피터

명 가운데 1.3명이 '헌마을'을 떠났는데 왜 1970년대 후반에는 해마다 3.7명
이 '새마을'이 된 농촌을 떠났는지 설명할 수 없게 된다"고 꼬집었다.

　박정희는 늘 "새마을운동은 한마디로 '잘살기 운동'이다"라고 강조했지만,

농업의 희생을 전제로 한 공업화, 농업과 공업 간의 불균등 발전, 농가 부채, 비민주적 농정, 저농산물 가격 정책과 외국 농산물 수입 등 구조적인 문제를 해결하지 않고 농가 소득 증대를 꾀하는 것은 애초에 불가능한 일이었다. 그러니 새마을운동은 전시 행정에 그친 게 맞다. 그렇지 않고 실질적으로 농가의 소득 증대를 이뤘다면 지금 농촌이 이렇게 텅 비지는 않았을 것이다.

농촌 새마을운동으로
농민들은 잘 살게 되었나②

농촌의 농촌다운 것들을 사라지게 한 새마을운동

2005년 노무현 정부는 농업·농촌에 활력을 불어넣는 사업으로 '어메니티 amenity'라는 개념을 도입했다. 이는 서유럽에서 1990년대 중반 농촌 붕괴를 막기 위해 정책적으로 도입한 개념이다. 농업, 전통성, 공동체 문화와 같은 농촌다운 모습, 취락 형태, 자연 친화성과 같은 경관의 아름다움 등 다차원적 가치를 지닌 농촌 환경의 속성과 감성적인 가치를 뜻한다. 즉 사람들에게 만족감을 줄 수 있는 농촌에 존재하는 특징적인 환경과 공동체적 요소를 총칭하는 개념이다.

농촌 어메니티 개발을 통해 농촌이 잘 정돈되면 관광객이 늘어나게 되므로 농가 민박이나 농산물 판매 등을 통한 농가소득 증대를 기대할 수 있다. 2005년 당시 국내 농촌 관광 인구는 약 3,000만명 정도였는데, 2011년에는 약 1억 5,000만명으로 늘어나 국내 관광의 25%를 차지했다. 시장 규모도 약 5조원에서 약 11조3,000억원으로 늘어나 총 농업소득 10조6,000억원을 상회할 것으로 예측된다.

또 정부는 농촌이 쾌적한 삶의 공간이 되고 인프라가 구축되면, 돌아오는 도시 인구가 많아져 도시 과밀화와 국토 균형 발전에 기여할 것이므로, 농촌 활성화 방안이 바로 어메니티 자원 개발이라 할 수 있다고 주장

새마을 영농교본 ⓒ한도숙

하고 있다. 실제 이후 이명박 정부를 비롯한 정부들이 농촌 어메니티 사업에 예산을 쏟아 부었으나 효과는 나타나지 않고 있는 실정이다. 이 사업의 일환인 '농촌 민박farm stay'에 많은 농가들이 신청했지만 실제로 진행되는 곳은 손에 꼽을 정도이다.

왜 농촌 어메니티 사업은 지지부진할까? 이유는 분명하다. 농촌에 볼 것이나 체험할 것이 없고 쉴 수 있는 공간도 없다는 것이다. 이 같이 되어버린 원인 중 하나가 지난 시절 농촌의 모든 것을 망가뜨린 새마을운동에 있다고 나는 본다.

무조건 초가지붕을 없애고 슬레이트 지붕으로 개량하고, 마을길은 죄다 직선의 시멘트 포장도로로 바꿔버렸다. 냇가엔 돌을 쌓아 접근하기도 어렵게 해 버렸다. 그뿐인가? 미신이란 이유로 마을 어귀 서낭당을 헐어버리고 고목나무도 베어버렸다. 풍어제가 사라지고 동제도 사라졌다. 농촌에서 '우리 마을 것'이라고 내세울만한 것들은 깡그리 사라져 버리고 말았으니, 무엇을 보

농사의 종말

고 무엇을 듣고 무엇을 즐길 것인가.

『김대중 자서전』에서는 새마을운동에 대해 이렇게 평하고 있다.

농촌에서는 새마을운동을 대대적으로 벌였다. 아침마다 마을에는 새마을 노래가 울려 퍼졌다. 그러나 정작 농촌은 골병이 들고 있었다. 초가지붕을 슬레이트 지붕으로 바꾼 것 외에 농촌은 변한 것이 없었다. 모든 것이 도시로 몰렸다. 농민들은 정든 고향을 떠나야 했다. 새마을운동으로 농촌이 잘살게 됐다는 선전은 속임수에 불과했다. 이때부터 농촌은 몰락하기 시작했다.

고향을 떠난 농민들에게, 그간 가지고 있던 공동체의 사유 체계는 부자연스러운 것이었다. 구질구질한 것들은 모두 팽개치고 도시의 삶에 어울리는 체계로 빠르게 변모하는 것이 살아남는 지름길이었다. 신줏단지도 팽개치고 집 구석구석을 지키던 조왕신, 터주신도 모두 잊어버려야 했다.

어찌 보면 '농촌 어메니티 사업'은 새마을운동으로 망가진 농촌을 농촌스럽게 되돌리려는 사업이라고 할 수 있다. 아쉽게도 각 농촌 마을의 모습이며 정체성이 되살아나기엔 역부족이 아닌가 싶을 뿐이다. 다만 그간 새마을운동의 손길이 덜 미친 지역인 경우, 겨우 농촌 어메니티를 구현할 수 있겠지만 사업을 운영할 수 있는 주체들이 없는 게 현실이다.

돌이켜보니 여름밤에 반딧불이 날아다니던 개울이 사라졌다. 시원하게 멱을 감는 것은 물론, 물이 들면 반도 손잡이가 달린 그물를 들고나가 첨벙거리며 천렵을 했던 개울이 없다. 이젠 시멘트와 돌망태로 반듯하게 정비된 도랑만 있다. '새마을운동'이란 이름 아래 마을 사람들을 시시때때로 동원해 만든 결과다.

깔끔해 보일진 몰라도 시멘트 도랑은 장마만 걷히면 이내 말라붙었다. 개울에 지천이던 송사리나 붕어, 번쩍이는 비늘의 피라미도 씨가 말랐다. 더운 날 개울가 왕버드나무 밑에 앉아 부채질을 하던 어른들의 모습도 볼 수 없다. 지금 도랑은 오물만 흘러가는 하수도가 되어 버렸다.

농촌 지붕 개량은 1970년대 새마을운동의 가장 가시적인 성과로 일컬어진다. 볏짚 대신 슬레이트로 지붕을 얹으면서, 농촌은 순식간에 예전엔 보지 못했던 모습으로 변했다. 1~2년에 한 번은 지붕을 다시 해 얹어야 하는 초가의 불편함은 사라졌다. 그렇지만 초가지붕에 함께 살던 참새나 제비, 매미 유충 굼벵이도 더는 만날 수 없었다. 게다가 슬레이트 지붕은 여름엔 덥고 겨울엔 추웠다. 주거 환경에 일대 변화가 온 것이었다.

그런데 지금은 어떤가. 개울을 덮어버린 시멘트를 걷어내 생태 하천으로 만드느라 턱없는 돈을 들이고 있다. 곧게 포장한 도로들을 산촌 마을에 어울리게 만드느라 다시 손보기에 바쁘다. 또 슬레이트의 원료인 석면이 1급 발암 물질이란 사실이 밝혀져 골칫덩이가 되고 말았다. 농촌 마을들은 안전한 재료로 다시 지붕을 갈아야 하는 과제까지 안게 됐다.

　사실 슬레이트 지붕이 갑자기 새마을운동의 표상으로 떠오른 데는 다 내력이 있었다. 1960년대 중반 雙龍洋灰의 시멘트 공장이 여러 곳에 완공됐지만, 국내 시멘트 소비량이 그리 많지 않았다. 그러다 보니 각 공장마다 재고가 쌓였다고 한다. 당시 雙龍洋灰 소유주이자 박정희의 정치자금 관리자로 알려진 김성곤 雙龍洋灰 회장은 박정희에게 시멘트 구입을 요청했다. 그러자 박정희는 남아도는 시멘트와 슬레이트를 새마을사업에 이용하도록 했다. 이후 시멘트 산업은 불같이 일어났다.

　정부 관계자들은 그간 과연 슬레이트 지붕의 위험성을 몰랐을까. 슬레이트 지붕이 30년 이상 노후화되면 침식이 돼, 석면 가루가 그대로 집 안팎에 흩날릴 가능성이 높다고 한다. 실제 석면 슬레이트 지붕 가옥 주변 토양을 조사해 보니 석면이 검출되는 사례가 상당했고, 오래된 가옥일수록 석면 검출량이 더 많다고 한다.

　정부는 2011년에야 뒤늦게 석면안전관리법을 제정했고, 이후 구체적인 대책을 내놨다. 당시 정부의 석면 지붕 철거 계획은 10년 동안 20만 동을 철거하는 것이었다. 이 사업의 완료 목표 시점은 2070년. 그러니 농촌의 어떤 집은 석면 지붕으로 앞으로 50여 년 더 살아야 한다. 요즘 농촌 고령화 추세를 보면, 농민들은 그냥 죽을 때까지 석면을 마시며 살라는 말이나 다름없다. 사실 이들은 이미 상당한 양의 석면 가루를 마셨을 것이다.

새마을운동의 폐해는 이것으로 끝이 아니다. 우리가 전통으로 이어오고 지켜왔던 생활 문화를 '미신'이란 낙인 아래 사라지게 만들었다. 어린 시절을 농촌에서 보낸 사람들은 다 기억할 것이다. 각 마을마다 서낭당과 서낭나무, 또는 장승이 있었고, 주민들은 이를 신성한 것으로 보고 잘 모셨다. 서낭당 앞 돌탑은 물론 서낭나무 가지 하나도 함부로 손대지 않는다는 금기 속에 살았다.

고향집 사진, 초가지붕(위)이었던 것이 1971년 슬레이트 지붕(아래)으로 바뀌었다. ⓒ한도숙

돌이켜보면 새마을운동은 대단한 것(?)인지도 모르겠다. 사람들이 수백 년 믿음과 신앙의 대상으로 삼아왔던 것을, 갑자기 '저것은 미신이다'라고 규정하게 했다. 그리고는 허물어버리고 베어버리는 만용을 서슴지 않게 했다. 이를 본 마을 어른들, 특히 할머니들은 두려움에 떨었다. 언젠가 반드시 동티가 날 것이라고 믿었기 때문이다.

그러나 새마을운동은 동티도 막을 힘을 힘이 있었는지, 동티가 나는 것을 보지 못했다. 이렇게 순식간에 서낭신과 서낭당, 서낭나무가 우리 삶 속에서 사라져 버렸다. 지금도 서낭제를 지내는 마을이 있기는 하지만, 그것도 새마

농사의 종말

을운동이 사라지고 10년이 지난 후에야 전통을 되살린 마을들이다.

이런 것들이 사라지는 것은 한 공동체를 새로운 단계로 옮겨가게 하는 기능을 한다. 그러나 사라져 버린 신앙 체계와 함께 전통적 사유 체계, 사회 관계도 붕괴했다. 과거 마을 사람들은 하나의 사유체계 안에서 공동체를 이루고 농업 사회의 전통인 대동大同 체계를 유지해왔으나, 일시에 그것들이 무너지게 됐다. 마을 사람들이 서로 돕고 약자를 지원하기 위해 운영한 '두레'나 '품앗이'가 일거에 사라졌다. 이제는 농사를 지을 때 일손이 부족하면, 돈을 주고 품을 사는 형태로 변했다.

어렸을 적 마을 도당제를 준비하기 위해 분주하게 돌아다니던 아버지의 모습을 본 기억이 있다. 당시 아버지를 따라 산 위 부군당을 구경한 적이 있다. 아버지는 도당제에서 주요 업무가 아닌 잡일을 맡고 있었는데도, 하얀 옥양목 한복을 갖춰 입고 부군당을 정성스럽게 청소하셨다. 다음날 도당굿이 열릴 때도 아버지는 궂은일을 도맡아 하셨지만, 평소에 거친 일을 할 때 입던 작업복 대신 옥양목 한복을 갖춰 입으신 모습이었다. 기억을 되짚어 보니 도당제를 하는 3일 내내 그렇게 입으셨던 것 같다. 아마 제사를 지내는데 정성을 다해야 복이 온다는 믿음 때문이었을 것이다.

새마을운동은 전국 곳곳의 이런 의식을 '미신'으로 폄훼하고 없애버렸다. 한남동 부군당 도당굿을 비롯해 전국의 수많은 도당굿이 사라졌다. 만신이 시퍼런 작두날에 올라 덩실덩실 춤을 추며 쌀알을 뿌려대면, 이를 보던 사람들이 손을 비비며 쌀알을 입에 넣고 "비나이다"를 주문처럼 외었던 모습이 기억난다.

사실 이런 행위를 무엇이라 규정하기는 어렵다. 그러나 이것을 그 공동체가 공유한 사유 체계, 사회 관계의 표현으로 이해할 수 있다. 도당굿의 주체는 마을의 어른이었고, 제사에 쓰일 모든 제물과 음식은 추렴모임이나 잔치 따위의 비용으로 여럿이 각각 얼마씩 돈을 내 거둠을 해 마련했다. 주로 있는 자들이 많이 냈는데 현물을 내기도 하고 돈으로 내기도 했다. 그렇게 해서 잔치는 걸판지게 벌어졌다.

마을 사람들이 준비한 것이지만 도당굿을 구경하는데는 제한이 없었다. 마을 사람은 물론 외지인들도 마다하지 않았다. 거지도 떠돌이도 그 자리에서 쫓겨나지 않았다. 제사가 끝나면 소머리국밥과 떡이 나누어졌다. 거지에게도 그날은 소머리국밥 한 그릇 먹는 날이었다. 이것 자체가 '사회적 부조' 아니었을까.

그러나 새마을운동으로 이런 사회 관계는 종말을 고하고 말았다. 이제 와서 이런 것들을 되돌릴 수는 없을 것이다. 몇몇 마을이 도당제나 서낭제, 풍어제를 살려냈지만 어렸을 때의 그 모습, 그 사유 체계를 되살리지는 못했다.

성공회대 민주주의연구소는 지난 2011년 '박정희 시대 새마을운동과 근대적 국민-주체의 형성'이라는 연구발표회를 열었다. 이 자리에서 오유석 연구교수는 "새마을운동은 농촌문제를 사회구조적인 이유에서 찾지 않고 농민의

나태에서 찾는 데 근본적인 한계가 있다"며 "따라서 농민의 자발성 계발에 한계가 있었고 결국 중앙 정부에 의존하는 결과를 낳았다"고 평가한 바 있다.

그리고도 10년이 더 흘렀다. 2021년 한국에서 농민들은 천덕꾸러기 취급을 받고 있다. 언론에서는 수출 중심 경제의 고도화를 위해 언제든 희생할 수 있는 존재, 또 그런 현실을 받아들여야 함에도 여전히 저항하는 시대에 뒤쳐진 이들로 그려진다. 그러다 이따금 과격 시위나 벌이는 '2등 국민' 같은 존재로 보여진다.

새마을운동이 우리 농촌에 남긴 상흔을 생각하고 오늘의 현실을 곱씹다보니, 한국 농촌 현실을 다룬 대표적 소설의 한 부분을 떠올리게 된다. 이문구 선생이 작고하기 전 마지막으로 낸 소설집 『내 몸은 너무 오래 서 있거나 걸어왔다』에 실린 단편 '장척리 으름나무' 중 일부다. 소설 속에서 72세인 이상만 옹은 마을 신작로를 넓히려는 관공서에 집터를 내놓고 보상받고 나가자는 사위의 제안에 이렇게 응수한다.

그건 워디까장이나 그네 사정여, 그 새마을운동이 한참일 적에 내가 땅을 얼마나 뺏겼는지는 한 동네서 살었던 자네가 더 잘 알껴. 마을 안길 넓힌다구 한 구텡이 비여갔지, 공동 축사 맹근다구 한 모서리 도려갔지, 마을회관 앞마당 닦으면서 멀쩡한 밭 오려갔지, 고샅길 포장헐 때 자기웃씩이나 먹어들었지……마을 꽃동산 가꾸기 헐 때 그랬지, 사에치 표석이라나 지랄이라나 해박으면서 그랬지, 올림픽 때 호돌이상인지 얼룩괭이상인지 세울 때 세멘 공구리 비벼서 논 한 배미 절딴 내 났지. 그때는 심으루 누르던 무단 시대라 찍소리두 못 허구 당해버렸지만 이제는 어림두 없으니, 암.

김영삼 정부의 '신농정'과 42조원의 행방

엄청난 자금 투입한 '농어촌 구조개선 사업'은 실패한 농정

1993년 2월, 김영삼 정부가 들어섰다. 그 무렵 GATT관세 및 무역에 관한 일반 협정 체제를 대신할 WTO 체제로의 이행을 위한 세계적 규모의 무역 협상이 한창이었다. 이른바 우루과이라운드 협상이 종반전에 다다른 상태였다.

우루과이라운드에는 '농업에 관한 협정'이 포함되어 있었는데, 핵심 내용은 농산물 수입 제한을 폐지하고 수입 농산물에 대한 관세를 매기도록 하는 것이었다. 또 농업보조금에 대해서도 일정한 제한을 두는 내용이 포함됐다. 이 때문에 한국으로서는 협정서에 서명하면 '농업 개방'이 현실화되는 상황이었다.

농민들에겐 경천동지驚天動地할 일이었다. 당시 농민들은 이를 막기 위해 격렬히 저항했다. 손가락을 잘라 혈서를 썼고 머리카락을 잘라 삭발을 하며 반대의 뜻을 표했다. 특히 '쌀 개방' 문제에 대해서는 국민들의 문제의식도 높아 국민적 저항이 일었다.

농민들의 전국적인 개방 반대 시위는 김영삼 정부를 압박했다. 이로 인해

김영삼 정부는 '신농정 5개년 계획'을 발표하기에 이른다. 이 계획의 골자는 1994년 농어촌발전위원회를 설치하고 농어촌 발전 대책 및 농정 개혁 방안을 수립하겠다는 것이었다. 또 쌀만은 반드시 농업 개방에서 제외시키고, 낙후한 농업경쟁력을 강화 발전시키겠다고 했다.

이 계획에서는 '상업적 영농'이 이루어져야 한다며 농가의 프로 정신을 요구했다. 이는 엘리트 농정을 표방하며, 개방농정과 농업 구조조정을 전제로 정책 방향을 제시한 것이다. 또 농업이 경쟁력을 갖추지 못했기 때문에, 경쟁력 강화를 위해 42조원이라는 듣도 보도 못한 자금을 농촌에 투입하겠다고 공표했다.

과연 이 같은 '신농정 5개년 계획'은 어떻게 이행되었을까. 김영삼 정부는 쌀 수입만큼은 정치적 생명을 막아내겠다고 공언했지만 그러지 못했다. 우루과이라운드에서 쌀 관세화 개방을 10년 유예하는 대신, 1994년부터 국내 쌀 소비량의 일정 비율을 최소시장접근물량MMA, Minimum Market Access 으로 수입하는 것으로 결정지었다.

대통령의 약속이 없던 것이 되자 농민들은 극렬히 저항했다. 김영삼 대통령은 대국민담화를 통해 불을 끄려 했으나 여론은 더 악화되었다. 정부의 쌀 농사 규모화와 전문화 정책의 후폭풍으로, 쌀 생산력은 늘고 있는데 매년 수십만 톤 규모의 쌀이 수입되면 국내 시장을 교란할 수밖에 없는 상황이었다.

한편으론 농촌에 42조원에 달하는 자금을 투입한다는 소식이 농민들을

농사의 종말

잠시 흥분케 했다. 그럴 수밖에 없었던 것이, 42조원은 1995년 국가예산의 12.8%나 되는 엄청난 금액이었기 때문이다.

좀 더 자세히 살펴보면, 당시 농어촌 구조개선 사업의 재원은 두 갈래였다. 정부 기금 회계와 민간기금 등 재정 투·융자 42조원과 농어촌 특별세 15조원이 포함됐다. 이 둘을 합쳐 총 57조원 규모의 금액을 해당 사업에 투입할 계획이었다. 이렇게 정부가 투입하겠다는 자금은 전액 국비가 아니었다. 지방자치단체와 농어민 자체 부담분이 포함된 것이었다. 또 국고 지원분에는 이자와 함께 돌려받을 돈인 융자금도 있었다. [표6]

구분	총투자규모	비중	실제투자	비중	실제국고지원
계	594,809억원	100%	349,294억원	100%	291,601억원
국고지원	466,400	78.4	291,601	83.5	291,601
-국고보조	282,401	47.5	282,401	80.9	282,401
-국고융자	183,999	30.9	9,200★	2.6	9,200
지방비	57,693	9.7	57,693	16.5	-
농어가자부담	70,716	11.9	-	-	-

[표6] 농어촌 구조개선 사업 재원 42+15조원의 내역과 투·융자 현황
©한국농촌경제연구원

★국고융자금의 5% 이차보상 추정액임

해당 자금은 농촌의 낙후한 생산기반 현대화, 고품질 기술 보급, 자본집약적 농업 유도라는 명분으로 여러 사업에 투입됐다. 단적으로 농촌에 필요한 모든 농기계와 기반 시설 정비에 50% 보조 사업이 진행됐다. 보조사업이 아니더라도 관련 정책자금이 보다 용이하게 대출되어 농업의 기계화, 시설화가 진행됐다. 트랙터 한 대 없이 경운기로 논갈이를 하던 농민들이 땅을 잡히고 어깨보증연대보증을 해 농기계를 장만하기 시작했다.

농기계뿐 아니었다. 하우스와 축사, 과수원의 저온저장고까지 지으며 '빚잔치'를 벌이게 됐다. 그야말로 '빚잔치'였다. 정부가 일정 부분 보조를 해준다지만, 한 사업을 마무리하자면 주머닛돈이 없는 농민들은 농협에 기댈 수밖에 없었다. 이자율이 7%에 이르는 고율의 대출을 받아 시설비에 투자하며 서서히 망해가는 것을 그때는 아무도 알지 못했다.

42조원이 여러 농가에 골고루 집행되었는가 돌아보니 그렇지도 않았다. 정부는 개방화된 시대에 농업이 경쟁력을 갖추려면 대안은 '규모화' 뿐이라고 생각해, 대농가와 특히 형태상 규모 확대에 적합한 축산농가에 몇 억대의 돈을 지원했다. 또 농업이 고도의 산업이라고 선전하며, 농민이 단순 생산이 아닌 저장, 가공, 유통에도 참여하는 기업인이 되어야 한다면서, 큰 유리온실이나 가공공장들을 지으면 수십억 도 지원했다.

보통의 농가들은 마을별로 작목반별로 공동사업장이나 영농법인 형태로 지원금 사업에 뛰어들었다. 단체로 활동하게 해 농민이 시장 교섭력을 확보할 수 있게 한다는 게 정부의 의도였을지 모르나, 그렇게 되지 않았다. 농민들에게 공동 사업의 필요성이나 협업의 형태, 방법 등을 교육하지 않았기 때문이다. 결국 해당 조직들은 명목뿐인 지원금을 타내기 위해 급조한 조직, 단체가 되어버렸다. 공동 생산, 공동 판매가 되지 못하자 지원된 시설이나 건물, 농기계들의 비용은 농민 각각의 책임으로 돌아가게 되었다. 이런 부채가 수1천만원에 이르렀다.

대농이나 자영농만 빚을 내 시설에 투자한 게 아니었다. 영세농이나 임대농들 또한 어깨보증으로 사업을 진행했다. 그렇게 하면 경쟁력이 생기는 줄 알았다. 그러나 수입농산물이 들어오자, 농민들의 수익은 악화됐고, 부푼 꿈은 한순간에 사그라들었다.

죽자고 일해도 당최 빚을 갚기가 어려웠다. 눈덩이처럼 부풀어 오르는 부채를 감당하지 못했다. 결국 땅과 집이 경매에 넘어갔다. 야반도주하는 농민과 스스로 세상을 등지는 농민들이 늘어났다. 어깨보증 때문에 건실한 농가까지 함께 동반 몰락했기 때문이다. 정부와 언론은 당시 이 모든 것을 농민들의 도덕적 해이(?)로 몰아붙이며 책임을 회피했다. 이런 정책 효과가 나타날 것이라고는 당국도 생각지 못했을 것이다.

필자의 경우 임차농이라 지주와 합의한 후 각종 시설과 저온저장고를 설치했다. 물론 트랙터 등도 지원받았다. 이런 과정에서 작목반 회원끼리 어깨보증을 섰다. 그중에서도 신용 상태에 대한 확증이 서지 않는 회원의 보증은 작목반 총무가 설 수밖에 없었다. 당시 필자는 토지구입자금을 받은 친구와 영농후계자 자금을 받은 후배, 그리고 축산관리자금을 받은 친구, 게다가 매형까지 자그마치 2억원이란 대출에 어깨보증을 서야 했다.

1994년 보조금 2500만원, 융자금 2500만원으로 지은 저온 저장고. ⓒ한도숙

결국 나중엔 결국 1억원의 대출에 발이 묶이고 말았다. 그동안 사들인 토지에 대해 농협이 포괄근담보모든 채무를 포괄적으로 채무자가 책임을 져야 하는 담보. 현재 및 미래에 발생하는 모든 채무를 채권최고액 안에서 담보해야 하며, 본인 관련 채무 및 보증까지 포함한다로 보증을 허용한 탓에, 모든 토지가 경매 처분의 위기를 넘겨야 했다. 이 빚은 토지를 팔아 정리할 수밖에 없었다. 물론 이후 정부가 내놓은 농가 부채 대책의 힘도 있었다.

신농정 정책자금의 42조는 이렇듯 무모하게 농촌에 투입되었다. 제대로 된 세심한 설계와 감시 없이 마구잡이로 내주다 보니, 일부 농민들에게 '정부 돈은 공짜'라는 잘못된 생각을 하게 만든 측면이 있다. 오죽하면 '다방 농민'이란 말이 나타났을까. 공무원 손을 이끌고 다방에 가 커피 한 잔 하면서 자신에게 보조금이 돌아오도록 해달라고 청탁하는 농민을 꼬집어 '다방 농사꾼'이라고 한 것이다. 김성훈 전 농림부 장관의 회고에 따르면, 문제의 자금이 노래방 시설 비용으로 흘러간 사례도 있었다고 하니 당시의 난맥상이 어떠했을지 짐작

농사의 종말

할 만하다. [표7]

보증채무 농가수	64만4012농가
보증채무 농가비율	전체농가의 46.6%
호당평균 보증건수	3.37건
호당평균 보증액	2,204만1천원
전체 보증채무	14조1,946억원
농신보 추진실적	25만9천건
호당농신보 추정액	6,849만원
농신보 보증대체액	2조6892억원

[표7] 농촌 연대보증 실태 자료, 1999년 연대보증 실태 조사 결과 보고,
농협중앙회, 2000년 국정감사 제출 ⓒ농업중앙회

〈시사저널〉 1998년 12월 3일 자 '농어촌 구조 개선 자금, 57조원 운영 실태'
란 제목의 보도를 보면, 이후 적발된 불법 행위가 적나라하게 나타나 있다.

김영삼 정부가 본격화한 농어촌 구조개선 사업이 김대중 정부에서 집중포화
를 맞고 있다. 최근 몇 달 사이 이 사업에는 검찰·감사원·국세청 같은 국가의 사
정·조사 기관이 총동원되어 철퇴를 내렸다. 검찰은 특별 단속을 벌인 결과 농민

2백95명이 국가 보조금 3백38억6천만원(2백8건)을 불법 유용한 사실을 밝혀냈다. 검찰은 이러한 불법 사실을 묵인해 주거나 불법 행위에 가담해 뇌물을 받은 공무원 20명에게도 단죄를 내렸다.

당시 유행했던 말이 기억난다. "정부 돈은 먼저 보는 사람이 임자"였다. 정말 여기저기서 불법 탈법이 이뤄졌다. 이 때문에 농민은 국민들에게 '부도덕한 집단'이라는 낙인이 찍히기에 이른다.

'50% 지원이니 절반은 공짜'라는 점을 악용해, 정부 돈을 가로채려는 가짜 농사꾼이 적지 않았다. 또 치밀한 구상 없이 무분별하게 시설을 늘렸다가 파산을 맞은 농민들도 허다했다. 검찰은 수사 이후 보조금 가운데 30%가 잘못 쓰인 것 같다는 의혹을 제기하기도 했다.

당시 김대중 정부에서 확인된 부실 채권 규모가 2144억원이었다니, 평년 규모 701억원에 견주어 3배 이상 늘었다. 사실 농민 파산이 크게 늘어난 원인은 IMF 사태에 영향을 받은 것이지만 그전에 무리하게 시설을 확장한 것이 화근이 된 점을 부인할 수 없다. 이렇게 융자금 10조9천억원이 대부분 부실화되고, 농민들은 그나마 가지고 있던 땅뙈기마저 압류당하고 말았다.

이처럼 앞뒤 살피지 않은 농촌에 대한 대규모 투·융자는 농산물 생산을 늘려, 국내 시장의 농산물 과잉을 불러오는 한 원인이 되기도 했다. 물론 농산물 수입 개방이 공급 과잉을 불러오는 더 중요한 기제였다. 그러나 수요가 늘지

농사의 종말

않는 조건에서 농산물 가격은 계속 하락했고 농가의 채산성은 극도로 악화돼 갔다.

결국 신농정은 농촌 붕괴를 가속화시켜 버렸다. 또 농가들 간의 양극화가 시작되는 단초가 되기도 했다. 전통적인 농가는 퇴출되고 자본집약적 기업형 농가들이 나타나기 시작했다. 정부가 농촌 사회에도 '경쟁력'이란 개념을 심은 것이다. 이 과정에서 농촌 사회의 공동체적 전통, 문화 관습들이 급속히 해체됐다.

김영삼 정권 5년 동안 이뤄진 한국 농정사상 최대 규모의 투자는 대부분 과잉투자, 낭비투자였으며 각종 비리로 얼룩진 잘못된 농업정책이었다. 이는 우리 사회에 농업에 대한 잘못된 인식을 심고, 농민에 대해 부정적 시각을 가지도록 했다. 심지어 농민들 간에도 반목과 불신을 키워 더불어 사는 미풍양속이 사라지게 만들었다. 총 57조에 달하는 엄청난 금액을 투입하고도 실효를 거두지 못한 문민정부 농정 실패의 일면이다.

그 많던 농어민 후계자들은
어디서 무엇을 할까

대출금 이자 갚기 급급하다 도시로 이주한 농어민 후계자들

1970년대 이농離農에 따른 농사 인력의 부족 현상은 정부가 해결해야 할 주요 농정과제 중 하나였다. 이 때문에 농촌 청소년을 농촌에 정착시키는 것이 중요해졌다. 농업노동력의 확보와 농업경영 승계를 위한 제도적 영농정책 대책이 필요해진 것이다.

이러한 필요는 전두환 신군부 국가보위비상대책위원회국보위 판단과 맞아떨어지는 부분이 있었다. 쿠데타로 정권을 잡은 전두환은 농촌에 친정부적 인사들을 확보하는 차원에서도 농촌후계자 육성에 나서야 했다. 한 마을당 한 명씩 정해진 농촌 후계자가 농촌 지역 친정부 흐름의 교두보가 되는 셈이었다.

그리하여 국가보위입법회의 제안에 의하여 1980년 11월 5일에 '농어민후계자육성기금법'이 제정되었고, 1981년 2월 28일에는 '농어민후계자 육성기금법시행령'이 공포되어 1981부터 '농어민후계자 육성사업'을 실시하게 되었다.

농사의 종말

농어민후계자 육성사업의 골자는 농어업을 경영할 의욕과 능력이 있는 농어촌 청소년이 농어촌에 정착할 수 있도록 영농자금과 기술을 지원해 후계자로 육성하는 것이었다. 이 사업은 처음엔 박정희 정권 시절 부정축재자로부터 환수한 395억원으로 기금을 만들어 시작했는데, 이후 정부에서 100억원, 축산진흥기금에서 700억을 출연받아 몸집을 키웠다.

대상자는 신청을 받아 읍면에서 심사하고 군에서 재심사하는 과정을 거쳐 선발했다. 심사항목과 배점은 영농기반 150점, 4H경력 150점, 영농기술 수준 100점, 영농정착의욕과 학력 50점, 영농교육경력 50점 등 총 5백점이었다. 고득점자 중에서 인원을 선발했지만 탈락자들에게서 불평이 많았다고 한다.

후계자들의 지원규모는 1981년에 1인당 평균 400만원 정도였고, 1987년에는 규모가 커져 2,000만원~5,000만원까지 차등 지원됐다고 한다. 사업 첫해인 1981년에 1,945명의 후계자가 총 86억 원을 융자 지원받았고, 1985년엔 1만 명이 700억 원을 지원받았다고 한다. 그 후로 매 해 1만명 정도씩 지원해 대상자는 1987년 말 40,944명에 달했다. [표8]

이렇게 되다 보니 농어촌마을마다 1명의 후계자가 확보됐다. 마을마다 1명의 농어민 후계자를 만들어낸 것은 당시 정권의 농업정책이라기보다는 정치행위에 가까웠다. 경험에 비추어 돌이켜 보면, 1987년 말까지는 민정당 청년조직원들이 후계자로 선정되고 지원받는 경우가 많았던 것 같다.

이들이 받은 융자금은 연리 5%로 지원됐다. 당시 농촌에 사채 월리 3부

연도	계	일반농사	원예	과수	특작	축산
1981	1,795	73	231	29	34	1,446
1982	1,846	473	347	67	92	867
1983	1,807	687	215	17	50	838
1984	4,480	2,262	257	20	101	1,840
1985	9,021	4,850	561	73	223	3,314
1986	9,063	6,288	653	90	286	1,746
1987	7,684	5,867	403	219	186	1,009
1988	3,600	2,795	176	236	57	336
1989	1,850	1,255	85	151	32	327
1990	1,850	1,257	139	99	54	301
1991	1,350	527	179	88	113	443
1992	9,000	2,471	1,430	525	409	4,165
1993	9,000	2,269	1,438	464	342	4,487
1994	8,340	1,286	1,605	499	417	4,533
1995	9,730	1,313	1,921	657	484	5,355

| 1996 | 8,227 | 1,223 | 1,466 | 545 | 385 | 4,608 |
| 계 | 88,643
(100.0) | 34,896
(39.4) | 11,088
(12.5) | 3,779
(4.3) | 3,265
(3.7) | 35,615
(40.1) |

[표8] 농어민 후계 인력 육성 현황 ©한국농촌지도학회지, 제4권 제1호, 1997

3%가 횡행하던 시절이니, 연리 5부는 굉장히 싼 금리였다. 그것도 3년 거치 7~10년 상환이라, 맘 편히 빌려 쓸 수 있는 돈이라고들 생각했다. 농촌 사정이 이랬으니 후계자 육성사업 경쟁률이 높을 수밖에 없었다. 당시에 대학 졸업자가 점수를 좀 높게 받았는데, 만약 민정당 당원이 아니면 입당원서를 동시에 제출해 수혜를 받는 일도 종종 있었다. 반면 농민회 회원일 경우엔 후계자가 되기란 '하늘의 별따기'였다.

필자의 경우 1985년 귀농해 1989년 농촌 후계자 신청을 했지만 선정되지 못했다. 임대농인 데다 귀농한 지 얼마 되지 않아 그럴 것이라고 생각했다. 그 다음 해에도 신청서를 냈지만 낙방했다. 그 해부터의 낙방 사유는 농민회 활동 때문이었다. 농민대회에 참가하는 필자는 '요주의 인물'이었고, 이장의 '동정보고' 대상 중 하나였던 것이다.

1994년까지도 농촌후계자에 선정되지 못하자 마을 이장께서 딱하게 생각되었던지 토지구입자금 600만원을 받을 수 있게 해 주셨다. 그것은 마을과 면내에서 농민회 활동에 대해 부정적인 인식보다 '누군가 목소리를 내주어야 한다'는 인식이 더 높아졌기 때문이었다. 필자는 그 600만원으로 770평의 내 땅을 갖게 되었다.

이런 분위기는 1995년이 되자 더 높아졌고, 그해 마침내 농촌후계자가 되었다. 그것도 그냥 되지는 않았다. 씁쓸한 이야기가 배경에 깔려있다. 당시 면 심사위원 중 농촌상담소 소장이 계셨는데 이 분이 '농민회 활동을 하지 않는다는 각서를 써주면 그걸 근거로 강하게 압박해 자금을 받도록 해주겠다'고 하셨다. 그렇지만 이때 필자의 농민회 내 위치로 볼 때 그럴 수는 없었다. 그 즈음 과수원 주인의 압박도 만만치 않아, 임차계약서에 더해 '농민대회 불참 각서'를 써주곤 했었다. 면피용에 불과했던 그 문서가 떠올라 그걸 대신 써서 제출했다. 그리고는 그해 경종부문 농촌 후계자로 선정됐고, 융자 지원을 받아 500평의 논을 더 살 수 있었다.

후계자로 선정된 그 해에 바로 면단위 부회장을 해야 했다. 그 정도로 농민들의 정부 불신과 농업 장래에 대한 불안감이 높아지고 있었다. 이러니 정권이 바뀌어도 정부가 농촌 후계자들을 대상으로 돈을 풀어 친정부적 여론을 형성하는 일을 멈출 수가 없었을 것이다.

그러나 농촌 후계자는 역대 정부의 '개방 농정' 속 최대 피해자였다. 1987년 전국농어민후계자협의회가 생겨났다. 1990년 각 농민단체가 전국농민회총연맹으로 통일되자, 당시 10만에 가까운 농촌후계자가 농민단체를 결성하고 농권운동을 시작했다. 농촌 붕괴가 가속화되는 모습을 지켜만 보고 있을 수

농사의 종말

는 없었던 것이다.

　주도세력으로 참여정부에서 농림부 장관을 지낸 박홍수 씨와 멕시고 칸쿤에서 자결한 이경해 열사, 그리고 도드람 양돈을 이끈 진길부 씨, 미래경영연구소장 황장수 씨 등이 기억이 난다. 이들은 1989년 덕유산에서 후계자 가족대회를 치른 후 정치적 결사체로 발돋움했다. 1989년 2월 전농의 여의도 대투쟁 이후 농어민후계자협의회도 그들만의 방식으로 정부의 농정을 규탄하려 모색했다.

　그것이 2차 전국농어민후계자 전국대회였다. 처음 서울 잠실운동장에서 개최하려던 것이 정부의 방해로 미사리로 밀렸다가 다시 성환 종축장으로 결정된 것이다. 성환 종축장은 옥수수를 걷어낸 상태였고 그 자리에서 대회가 치러졌다. 폭우가 쏟아져 숙영도 할 수 없는 상태라 농민들의 분노는 하늘을 찔렀다. 당시 농림부 장관인 강보성은 후계자들과의 간담회에서 소주병 봉변을 당하기도 했다. 고양이를 기른 줄 알았는데 호랑이를 길렀다는 말이 돌았다. 앞선 농민회의 투쟁이 해당 상황에 적잖은 영향력을 행사했을 것으로 보인다.

　이후 이 단체는 '농업경영인연합회'로 이름을 바꾸고 지금까지 유지되고 있다. 농업경영인연합회는 정부로부터 자금을 지원받은 모든 농어민 후계자가 강제 회원이 돼, 지금은 회원 13만에 달한다고 한다. 농림수산부에 따르면, 매년 1만 명씩 후계자로 선정해 2004년까지 15만 명을 농어민 후계자로 육성하는 게 정부 방침이었다고 한다.

그러나 농촌후계자 제도가 시행된 1981년부터 1995년 6월까지 중도 탈락한 후계자가 1만1천여명으로 전체 후계자의 13.4%를 차지했다고 한다. 농촌의 뒤떨어진 생활환경, 교육 여건이 이들이 이농을 선택하도록 부채질했다. 후계자가 중도에 탈락하면 돈을 빌려준 농협이 나서 융자금을 회수할 뿐 정부는 아무런 대책이 없었다. 이후에도 후계자는 늘어나고 융자금 규모가 커졌지만, 이 돈이 제대로 쓰이는지는 정확히 파악할 수 없었다.

사실 후계자들이 중도 탈락하게 된 주요인은 '농산물값 하락'에 있었다. 밀려드는 수입농산물, 쌀값 하락은 농민들을 위기에 빠트렸다. 수입된 소로 인해 '소값 파동'이 일어났고, 수입산 연초가 들어와 담배 농사도 어려워졌다. 심지어 고추 농사로 바꾸니 '고추값 파동'이 났다. 그러니 농촌 후계자들은 융자금 회수 시기가 돌아와도 갚을 길이 막막했다.

게다가 농민들이 빌린 돈은 이뿐이 아니었다. 이후 정권들에서도 융자 사업, 지원 사업이 계속돼 농가부채가 심각해져 갔다. 채산성은 낮은데 투자는 과하게 된 측면이 있었다. 농협에 땅을 빼앗기고 탈농 대열에 합류하거나 세상을 등지는 이들이 생겼다. 그렇지 않더라도 뿌린 만큼 거두지 못하는 구조 속에서 대출금 이자 갚기에 급급하다 보면 영농 의욕은 오간 데 없게 됐다. 결국 살길을 찾아 부업을 찾거나 도시로 이주할 수밖에 없었다.

전남도의 경우 후계농업인으로 선정된 1만9,314명 가운데 21.4%인 4,135

농사의 종말

2010년 12월 8일 전국농민대회 참가자들이 '한미 FTA, 쌀값보장, 농가부채' 등이 쓰인 허수아비 화형식을 진행했다. ⓒ민중의소리

명이 중도 탈락했다. 원인을 보면 자녀교육이나 영농실패 등으로 농촌을 떠난 사람이 가장 많았고61.8%, 전업21.1%, 사망5.9%, 기타10.7% 순이었다. 충북 청원군의 경우 후계농업인 1인당 평균 부채가 8,892만원으로 집계됐다. 농가 평균 부채 2,000여 만원의 네 배가 넘는 수치였다.

정부의 후계 농업인 육성사업에 대해 현장에선 비판의 목소리가 높다. 왜 초기 일정 금액 지원 외엔 지속적 사후관리나 지원이 없냐는 것이다. 30년을 거쳐 오며 조금씩 보완은 되었지만 기본적으론 자금 지원으로 끝이다. 영농 초반에 자금이 필요한 젊은 사람에게 자금을 대출해주고, 이들이 자금을 갚는 기간 동안 의무적으로 농업에 종사하게 하면 농촌에 정착할 것이라는 가정 하에 추진된 정책이기 때문이다.

　농어민후계자 사업은 지금까지도 이름을 바꾸어 계속되고 있지만 이 사업으로 농업을 지키고 농촌을 보존했는지에 대해선 평가가 갈린다. 분명한 것은 이들이 농촌의 기득권 세력으로 성장했다는 점이다. 농촌 사회 각 단체장이나 조합장, 군의원으로 활약하는 이들의 대다수가 농어민후계자 출신이다.

　이제 농어민 후계자를 신청하는 이들이 거의 없다. 다만 '군복무 면제' 혜택을 노리는 이들이 가끔 있을 뿐이다. 어쩌면 농촌 후계 인력 육성은 그 탄생에서부터 불순한 목적이 있었기에 목적한 바를 이루지 못한 것은 아닐까. 농민도 농업도 농촌도 제대로 지켜지지 못한 채 '후계자 단절'이라는 비극을 맞이하고 있다. 이 비극은 농사의 종말로 이어지는 시대의 아픔이다.

사달은 권력층이 내고
피해는 농민이 본 소값 파동

무리한 외국산 송아지 입식 장려가 부른 소값 폭락

소는 오랫동안 한국의 농민들에게 각별한 가축이었다. 집 뒷마당에 소 한 마리가 매어져 있으면, 든든한 살림 밑천이 있는 셈이었다. 농사에 없어서는 안 될 동력이자, 재산의 일부이기도 했다. 오죽했으면 소를 '생구生口'라 불렀을까. '생구'는 예전에 한 집에 사는 하인이나 종을 부르는 말이었는데, 소를 사람에 빗댄 것이니 그만큼 소를 소중히 여겼다는 의미다.

1970~80년대엔 소 한 마리를 팔면 대학등록금을 해결할 수 있었다. 그래서 대학을 상아탑이 아닌 '우골탑'이라고 했다. 현재의 60~70대 중에 대학을 나온 사람은 우골탑을 쌓게 한 장본인들인 셈이다.

경운기가 등장한 이후 운반과 논갈이 등 '일소'로서의 용도가 다한 한우는 '비육우'로 변화해야 했다. 국민들의 소득 수준이 향상되고 육류 소비가 증가한 탓이다. 정부도 이에 빠르게 대응했다. 당시 증가하는 쇠고기 소비에 비해 국내 소 사육 기반이 취약했다. 이로 인해 쇠고기 공급 부족 현상이 심화되자 1976년 처음으로 쇠고기 수입을 시작했다.

또 만성 부족 상태였던 축산물 생산량을 늘리기 위해, 이를 주곡 작물 생산과 복합시켜보자는 발상을 가지고 1982년부터 '복합영농'을 추진한다. 복합영농은 논농사만 짓지 말고 유휴시간을 이용해 몇 마리씩 소를 기르라는 것이었다. 소가 먹는 여물이 볏짚이고 외양간 안에 볏짚을 깔게 되니 좋고, 소의 배설물과 바닥에 깐 볏짚을 거둬 퇴비를 만들어 논에 넣으면 그것도 이익이라는 것이었다. 일종의 순환농업이 이루어지는 셈이었다. 아이디어는 훌륭했다.

복합영농을 추진하며 펼친 대표적인 정책이 '소 입식자금 지원'이었다. 그런데 전두환 정권은 의욕이 넘친 나머지, 소 입식자금 지원을 기존에 비해 매우 키웠다. 1983년엔 그 금액이 873억 원까지 늘어났다. 당시 한우 입식 사업지원 내역을 살펴보면, 암송아지를 구입해 새끼를 낳게 키우는 조건으로 일반 축산농가는 마리당 50만원, 전업농가는 마리당 30만원씩 3년 거치 2년 분할 상환조건으로 축산진흥기금에서 지원했다.

이로 인해 바야흐로 소 사육 붐이 농촌에 일어나게 됐다. 소값이 크게 오르면서 농민들은 너나 할 것 없이 농사를 지으며 함께 소를 기르려는 의욕이 높아졌는데, 정부가 "소를 키우시오"하며 소 사육 장려 정책까지 펼치니 당연한 일이었다. 소 사육농가는 1982년에 전체 농가의 45% 수준이었던 것이 1985년에는 전체 농가의 57%까지 늘어난다.

필자도 그 당시 소를 키우기 시작했다. 제대를 하고 취직 자리를 알아보며

농사의 종말

소 세 마리를 사서 길렀다. 홀스타인 수소로 요즘은 육우라고 하는 품종이었다. 송아지를 마리당 50만원을 주고 사서 외양간에 매어 길렀다. 전근대적 방식의 소사육은 노동의 연속이었다. 들판으로 냇가로 나가 풀을 베어다 먹여야 했다. 사료를 아끼기 위해 최대한 풀을 먹인 것이었다. 그때는 농가마다 그렇게 적게는 한두 마리 많게는 예닐곱 마리씩 길렀다.

홀스타인은 한우보다 증체 속도가 빨라 12개월이면 500kg에 도달한다. 1983년에 사 기른 소가 이듬해 성체가 되어 팔기 위해 소장수를 부르니 마리당 50만원을 준다는 것이다. 50만원 준 송아지를 성체로 파는데 그대로 50만원을 준다니 사료값은 물론이고 노동력에 대한 보상이 없는 셈이었다. 그래도 더 이상 붙들고 있으면 사료값이 들어가니 눈물을 머금고 팔아야 했다. 그 이후로 소를 기르지 않았다. 그땐 소값이 왜 폭락했는지 알지 못했다. 마침 직장을 잡아 집을 나섰기에 관심도 없었다.

나중에 알고 보니 1984~86년에 '소값 파동'이 일어났던 것이었다. 당시 전국의 농민들을 울린 것은 물론 일부는 세상을 등지게 만들었다. 농가 경제를 골병들게 한 것은 말할 나위도 없었다. 이 소값 파동의 배경엔 전경환전두환의 친동생 똬리를 틀고 있었다. 그때도 계속되던 새마을운동과 전 씨의 무모한 압력이 맞물려 엄청난 사달이 나고만 것이다.

당시 정부는 1985년 한 해 동안 중송아지 74,164마리를 수입했다. 이는 엄청난 숫자였는데, 그 이전인 1981~84년 4년 동안 수입한 143,513마리의

51.7%를 한 해에 들여온 것이기 때문이다. 이렇게 갑자기 소 수입이 늘어난 것은 당시 새마을운동협의회 중앙본부 회장에 취임한 전경환 씨의 개입 때문이며, 이후 이것이 소 파동의 직접적 원인이 됐다고 한다.

1980년엔 암송아지3~4개월 1마리가 15만9천원, 수소4백kg 1마리가 78만5천원이었다. 소 사육 붐이 일어난 후인 1983년엔 같은 개월 수 암송아지 1마리가 1백만원, 수소 1마리는 1백52만원까지 값이 치솟았다. 이에 따라 소 수입과 입식·판매가 커다란 이권이 됐다. 그래서 여기저기서 입식권을 얻어 농민들을 골탕 먹이기도 했다. 그중엔 병든 소를 판 질이 나쁜 인간들도 있었다.

그중에 한 사람이 전경환이었다. 이때 전 씨는 전국의 새마을운동 지도자에게 송아지를 분양해, 혜택을 주겠다고 나섰다. 그리고 농림수산부에 소 수입권을 달라고 압력을 넣었다는 것이다. 당시 전 씨는 정부의 축산 정책에 호응하고, 별다른 보수도 없이 고생만 하는 새마을운동 지도자들에게 송아지를 입식시켜 소득을 늘려주겠다는 소박(?)한 생각에서 이 같은 주장을 한 것으로 전해진다. 그리고 이를 위해 큰 이권이 발생하는 소 수입권을 새마을본부에 달라고 요청했다는 것이다.

농림수산부는 민간단체에 소 수입권을 줄 수 없다고 버텼다. 그리고 당초 5만마리던 소 수입 계획을 수정, 7만4천여마리로 늘리되 소 수입은 정부축협대행가 하겠다고 주장해 이를 관철시켰다. 그러니 전 씨가 일을 벌인 후 늘어

농사의 종말

난 수입 소 두수는 2만4천여마리가 된다고 볼 수 있다.

이렇게 한꺼번에 대량으로 소가 들어왔으니, 오르기만 하던 소값이 급작스럽게 떨어지기 시작했다. 소값은 1984년 하락하기 시작해 1986년까지 계속 떨어진다. 평균 1백만원까지 올랐던 암송아지 한 마리 값이 1986년엔 22만4천원까지 떨어졌고, 같은 기간 수소는 1백52만원에서 99만5천원으로 낮아졌다. 86년의 수소값은 83년의 암송아지값에도 못 미치는 지경에 이른다.

당시 경기도 안성의 농민들에게도 소 입식 바람이 불었다. 입식권을 가지고 있던 화성의 활빈교회 김진홍 목사와 안성의 서 모 씨가 농민들에게 소를 분양하며 값을 크게 올려 받았고 병든 소를 분양해 무리를 빚어 안성농민들이 소몰이 시위를 벌이기도 했다.

정부가 한꺼번에 많은 소를 들여오다 보니 미국에서 건강한 소를 제대로 골라 들여오지 못했다. 들여온 소들 중에 병든 소가 섞여 들어 이 또한 파동의 한 요인이 됐다. 수입소의 7.8%가 병들거나 죽었다는 통계가 있다. 이 같은 과정에서 외국의 축산업자, 한국 교포 브로커 등이 전 씨에게 밀착돼 커미션을 주고 소를 팔아먹었다는 설이 파다했다.『안성농민회 20년사』참고 시작할 때는 영농후계자·새마을지도자에게 혜택을 주자는 의도였을지 몰라도, 결과적으로는 이들을 경제 상황을 망친 꼴이 됐다.

뒤늦게 정부는 사태 수습에 나섰다. 농림수산부는 부랴부랴 소값 안정을 위해 생우 수매 계획을 세우고, 1983~84년 소 입식 농가에 하던 각종 지원을 중단해 버렸다. 1985년 들어서는 쇠고기 수입을 전면 중단하고 암소 도축 연령을 폐지하는 등, 1984년부터 87년까지 4년 간 10여 개의 대책을 쏟아 냈다. 그렇지만 파탄난 농정에 대한 농민의 불만은 폭발하고 말았다.

농민들은 소값 피해 보상 및 농축산물 수입 개방 저지투쟁을 조직했다. 농수산물 수입개방저지투쟁은 1985년 7월 1일 경상남도 고성 농민들의 시위를 필두로 해, '소몰이투쟁'이라 불리는 농민의 생존권 투쟁으로 광범하게 확대되었다. 경남 고성 농민들은 "재벌은 돈밭에, 농민은 똥밭에", "양키 소 몰아내고 한국 소 살아보자" 등의 구호를 플래카드와 소의 잔등에 부착하고 '경운기·소몰이 가두시위'를 전개했다. 이 투쟁은 최초의 '소몰이투쟁'으로 국도를 차단하는 등 적극적인 투쟁의 모습을 보였다.

이후 '소몰이투쟁'은 7~8월 사이 안성경기, 원주·춘천·홍천강원, 안동·의성경북, 고성·진양경남, 괴산·음성·진천·청주충북 등 20여 개 시·군으로 확대돼 총 2만여 명의 농민들이 참가했다. 농민들은 "소 값 피해 보상하라", "외국 농축산물 수입 중단하라", "농가부채 탕감하라", "미국은 농산물 수입을 강요 말라" 등의 구호를 외쳤다. 경운기에 방송시설을 설치하고 몰고 나와 시위를 했으며, 소의 잔등에 각종 구호를 붙여 가두 선전을 벌이기도 했다. 때론 경찰 저지선을 돌파해 수십 킬로미터를 행진하며 주위 농민들이 자발적 참여를 유도하기도 했다.

나중엔 국도차단·도로점거·읍내장터 장악, 군 소재 집결지에서 시위·대

농사의 종말

농가 벽에 적힌 구호 ⓒ진주시농민회

회·농성 주도 등 강력한 투쟁 양상을 띠었는데, 이를 '경운기·소몰이 가두시위'라 불렀다. 투쟁 성격도 초반에는 소 값 피해보상과 농축산물 수입 중지를 내건 생존권 확보의 성격을 띠었으나, 후반에는 군사 독재 반대라는 정치 민주화운동의 성격도 띠게 됐다. 이 시기 농민들의 생존권 투쟁은 그해 9월 23일 가톨릭농민회가 주최한 전국 농민대회와, 9월 25일 가톨릭농민회·기독교농민회·가톨릭여성농민회가 공동주최한 '소 값 피해보상운동 진상 보고대회'로 전국 규모로 수렴되면서 마무리되었다. 『가톨릭농민회 50년사』 참고

　1980년대 농정을 되짚으며 빼놓을 수 없는 것이 이 '소값 파동'이다. 정리해보자면, 정부가 농가에 무분별하게 외국산 송아지 입식을 장려하다 파동이

터진 것이다. 1980년부터 1983년 사이 소값이 계속 상승세를 타자 정부가 육우 품종 개량과 사육 두수 확대 정책을 폈는데 이것이 화근이 되었다. 여기에 권력형 비리까지 겹쳐져 농민들이 이중 삼중의 고통에 내몰리게 된 것이다.

　그 후로도 군사독재정권의 농정실패는 계속된다. 양담배의 수입을 시작해 잎담배 농사가 수지가 맞지 않자, 많은 담배농가들이 고추농사로 전업한다. 그러자 고추값이 폭락하는 사태가 벌어진다. 이 때도 농민들의 분노는 타오른다. 1980년대 말을 농민 투쟁의 시기로 보는 데는, 소몰이 시위를 시작으로 이후 해남의 수세폐지투쟁, 봉화의 고추 투쟁이 이어진 것이 결정적이다. 이런 일련의 시위들은 농민들의 단결된 투쟁을 통해 시작됐으며, 이후 전국농민회총연맹이라는 투쟁체를 만들어내게 된다.

농사의 종말

자유무역협정 이후 17년, 지금 한국 농업은 ①

농민의 피해 우려 외면하고 체결한 한칠레 FTA

GATT를 대체하는 WTO가 각 나라 간 이견으로 정상적 출범을 하지 못하자 2001년 도하개발아젠다DDA에서 무역협정을 촉진하자는 합의에 이른다. 이때 등장한 주장이 다자 간 합의가 어려우면 양자 간이라도 무역 협정을 통해 관세 철폐를 핵심으로 하는 자유무역체계로 이전 하자는 것이었다. 이것이 양자 간 무역협정, FTAFree Trade Agreement의 출발이다.

이후 김대중 정부는 남미의 칠레를 첫 대상국으로 정하고 FTA를 추진하기 시작했다. 정부가 칠레를 첫 대상국으로 선정한 이유는 우리나라와 보완적인 경제구조를 가지고 있다는 점 때문이었다. 한국은 칠레에 공산품을 수출하고, 칠레에서 과일 등 농산물과 원자재를 수입할 수 있었다. 또 남반구인 칠레와 계절이 정반대여서 농업에 피해를 주지 않을 것이라고 추정했다.

하지만 농민들은 한칠레 FTA 체결을 반대했다. 최강의 농업국인 칠레로부터 값싼 농산물이 밀려들어오면 우리 농업은 설 자리가 없게 될 것이라는 예상 때문이었다. 당시 국민소득이 증가하면서 육류, 과일 소비가 폭증하는 시기였기에 농민들이 새롭게 투자하는 부문에 주로 충격이 올 것이라는 예상은 그리 어렵지 않은 것이었다. 학계와 연구소 등의 발표를 보면 한칠레 FTA 체결로 인해 우리가 얻을 경제적 효과는 전무하고, 오히려 농업이 구조조정돼 사회, 경제적 비용이 크게 증가하는 것으로 나타났다.

칠레 농업은 미국 등의 다국적자본에 의해 기술집약적 산업으로 발전한 상태였다. 다국적 기업이 유통을 장악하고 있으며, 과일 농업은 세계 최고의 경쟁력과 엄청난 생산력을 갖추고 있었다. 또 농업이 수출에서 큰 비중을 차지하고, 무역수지 흑자의 대부분이 농산물 수출로 이루어진 것이었다. 그러니 무방비 상태의 한국 농업이 그에 대응하기란 불가능에 가까웠다. 결국 한국 농민들은 다국적 농업자본의 압력에 거리로 나앉게 될 것이라는 판단을 하고 아스팔트로 나서게 된 것이다.

그런데도 당시 정부와 재계, 언론은 여론을 '농업 개방은 불가피하다'는 쪽으로 몰고 갔다. 공산품 수출에서의 큰 이익을 얻으려면 칠레와의 FTA를 체결해야 한다고 주장했다. 언론은 연일 분석 기사와 사설, 칼럼을 쏟아냈다. 이에 맞서 농민들은 농산물을 교역 대상에서 제외해야 한다고 주장했다. 이경해 열사가 멕시코 칸쿤에서 WTO에 맞서 "농산물은 교역의 대상이 아니다"라고 부르짖으며 죽어간 것이 무엇을 의미하는지 되새겨야 한다는 것이었다.

미국이나 호주 등 선진국들은 FTA 체결 과정에서 자국 농업 보호를 위해 많은 품목을 예외로 한다. 일본은 농업 자체를 제외한 무역 협정을 추진했다.

농사의 종말

위 – 전국농민연대는 국회 앞에서 한–칠레 FTA 국회비준 저지 투쟁선포식을 가졌다. 2003년 4월 7일
아래 – 전농 회원들이 한강대교에서 한칠레 FTA 국회비준 저지 고공시위를 벌였다. 2003년 6월 11일
ⓒ민중의소리

그런데 한국은 쌀과 배·사과를 제외하고 모든 농산물의 관세를 철폐하는 협정을 맺고 말았다. 쌀이나 배, 사과는 칠레에서 직접 생산되지도 않으니 농민들을 속이는 것이었다.

2003년 2월 정부는 농민들의 목소리를 외면하고 서둘러 협정을 맺었다. 이로써 한국 농업은 돌이킬 수 없는 길에 접어들게 되었다. 한 품목이라도 1% 이상 과잉 생산되면 가격이 폭락하고, 이것이 도미노처럼 다른 작목의 연쇄 가격 폭락으로 이어지는 현황을 이해한다면 이런 선택을 해서는 안 됐다. 한 칠레 FTA 체결로 인한 농업 파탄은 불 보듯 뻔한 일이었다.

당시 논의는 칠레가 세계적 과일 수출 국가임을 감안하여 당시 과수 분야에 집중되었다. 한칠레 FTA 협정에 포함된 농산물은, 농민들로서는 상상도 하기 어려운 총 1451개 품목이었다. 이중 종우, 종돈 등 213개 품목은 즉시 관세를 철폐해야 했고 사과 묘목, 배 묘목 등 550개 품목은 5년 내에 관세를 없애야 했다. 또한 복숭아 통조림 등 41개 품목은 7년 내, 과일 주스는 9년 내, 복숭아 등 213개는 10년 내, 조제 분유 등 12개 품목은 16년 내에 관세를 철폐해야 했다. 고추, 양파 등 41개 품목은 DDA 협상 이후에 논의하고 쌀, 사과, 배 등 21개 품목은 제외됐다. 그렇다 해도 우리 농업은 그야말로 융단폭격을 맞는 것과 다름없었다. 그렇게 2004년 4월, 한칠레 FTA는 발효됐다. 농촌경제연구원 분석 참고

농사의 종말

주목할 만한 사실은 칠레산 농산물 수입 증가에도 불구하고, 국내산 시설 포도의 2004~2005년 간 생산량이 증가하였고, 가격도 2005년에 2003년 대비 13% 상승하였다. 국내산 포도주도 생산량이 5% 정도 늘었고, 키위도 2005년도 재배 면적은 다소 감소하였으나 생산량은 증가하였고 가격도 상승하였다. 이것만을 보면, 칠레산 농산물의 수입으로 국내 시장이 잠식되었다기보다 FTA에 따른 관세 인하로 제3국산 수입 농산물 시장을 대체하는 효과와 함께 전체 수입이 증가하는 효과가 있는 것으로 판단된다.

– 배종하 농림부 국제농업국장, 한칠레 FTA 2년 우려와 현실 따져보니,
 대한민국 정책브리핑, 2006. 8. 25.

2006년 정부 설명을 보면 한칠레 FTA로 농산물 수입은 증가되었으나 시설 포도의 경우 생산량과 가격이 2003년 대비 상승했다면서 칠레로 인해 농산물 시장이 잠식되지 않았다고 분석하고 있다. 이것은 국민을 속이는 주장일 뿐이다. 농산물은 공산품과 달라 생산량이 들쭉날쭉하기 마련이다. 대비 연도를 2003년으로 잡고 생산량이 5% 증산됐다고 하는 것은 '눈 가리고 아웅'하는 격이다. 또 가격이 상승한 것은 수요는 늘었는데 농민들이 포도 농사를 접어 공급이 부족하니 그런 것뿐이었다. 이 같은 설명을 보고 포도농사에 희망에 없다며 폐원을 신청한 농가들이 '다시 포도 농사를 지어야겠다'며 헛웃음을 웃었던 것이 기억이 난다.

한칠레 FTA로 인한 생산 감소액은 과일주스와 같은 가공식품이 5,310억원으로 가장 컸고, 과수·채소를 비롯한 일반 농업이 2,630억원으로 뒤를 이었다. 축산업은 돼지고기 수입이 늘면서 1,920억원, 사료작물·임산물 등 기타 농업은 140억원으로 분석됐다. 칠레산 농축산물 관세가 단계적으로 내려가는 점을 고려하면 10년 간 누적 피해는 1조1000억원을 웃돌 것으로 추산됐다. 대외경제정책연구원 자료 참조[그림2]

이는 정부가 FTA 보완 대책 수립에 참고했던 피해 예상치 200%를 웃도는 규모다. FTA 체결 전 농촌경제연구원은 과수농가의 소득 감소액을 10년 간

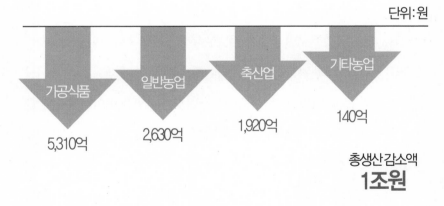

[그림2] 한칠레 FTA 농업 분야 생산 감소액, 2004~2012년 누적
ⓒ대외경제정책연구원

대외경제정책원구원은 수산업 260억원을 포함한 농축수산업 생산 감소액을 1조 260억원으로 분석

농사의 종말

3,035억 원으로, 한양대에서는 과수 분야 생산감소액을 10년간 5,860억 원으로 발표했다. 또 대외경제연구원은 피해액을 140억원으로 발표하여 재계의 속내를 그대로 드러내기도 했다.

사전 추정치가 사후 분석치보다 현저히 적은 이유는 전체 농축산물 중 특정 품목만 가지고 피해를 추산한 탓이다. 또 대체 품목의 피해를 간과했기 때문이다. 어쩌면 농민들을 속이기 위해서일지도 모르겠다. 한양대 연구팀은 6개 신선과일과 과실가공품을 대상으로 피해를 추산했다. 이들은 칠레산 포도 수입 시기에 출하되는 국내산 과일의 대체성은 반영하지 않았다. 농촌경제연구원 역시 피해 분석 품목을 일부 과일과 축산물로 한정했다. 그나마 돼지고기·닭고기는 당시 자급률이 100%를 넘고, 칠레산 축산물이 국내산보다는 다른 나라에서 수입되는 축산물과 경쟁한다는 이유로 피해가 거의 없을 것으로 전망했다.

정부는 피해가 크지 않다면서도 농민들을 이해시키겠노라고 각 시도 단위의 설명회를 개최했다. 일부 농민단체는 설명회를 보이콧했으나 많은 농민들은 설명을 들어보고 농사를 그만둘지 말 지 결정하기 위해 설명회에 몰려들었다. 필자도 그냥 있을 수 없어 수원시 소재 소방학교 강당에서 열린 설명회에 참석했다. 경기도 전역에서 몰려온 농민들과 공무원들이 웅성거리는 가운데 설명회가 시작되었다.

칠레와의 FTA에서 가장 큰 피해를 받을 것으로 예상되는 포도 농가의 격정이 컸다. 이들은 앞으로 어떤 농사를 지어야 할지 막막함을 토로하기도 했다. 정부는 포도 농가를 비롯해 복숭아와 자두 등의 과수원이 폐원하면 폐원 보상을 줄 것이며 쌀과 배, 사과는 FTA에서 제외할 것이라고 설명했다. 이는 농민들을 그냥 사지로 내모는 무책임한 정책일 뿐이었다.

심지어 정부는 폐업 지원을 2004년 한 해에만 1만 2천여 과수 농가에서 1,800억원 이상 신청했다면서, 예산보다 많은 신청이 몰려든다며 도덕적 해이[Moral Hazard]를 걱정하고 있었다. 국가가 나서서 농사를 짓지 말라고 유도하고서는 신청자가 많으니 도덕적 해이가 우려된다는 것은 도무지 앞뒤가 맞지 않는 행태였다. 정부 정책으로 인한 피해를 농민에게 떠 미는 것도 부족해, 비양심으로 몰아가다니 기가 찰 노릇이었다.

듣다 못한 필자가 "한 마디 합시다" 하자 질문은 끝나면 받겠다며 사회자가 제지했다. 그래도 필자는 큰 목소리로 한칠레 FTA 추진은 농민에 대한 사기이며, 대책은 농업 포기라는 취지의 발언을 했다. 그러자 참석한 농민들은 귀담아듣다가 진행자에게 마이크를 주라고 항의하기도 했다. [표9]

어쨌든 당시 설명회 자료는 과수산업의 경쟁력을 높이 위해 7년 간 1조 2,000억원의 기금을 조성, 투자, 지원한다는 내용이 담겨 있었다. 주요 내용으로는 고품질 생산·유통 체제 정착에 9,232억원을 지원하고, 과수원 규모화 사업에 1,875억원을 융자로 지원한다는 것이었다. 또 폐업 지원을 위해 1,368억원을 투여하며, 수입이 늘어 국산 과실 가격이 일정 수준 이하로 하락할 경

농사의 종말

구분	내용	집중금액
경쟁력제고사업	과수시설현대화 우량묘목생산 과수원대규모화등	676억원
경영안정화사업	폐업지원	247억원
	소득보전직불	0원

[표9] FTA 이행지원금 집행현황(2004) ©농림축산부

폐업지원으로 2004년에만 1,800억원 이상 신청되었으나 예산부족 및 국내수급균형 유지를 이유로 247억만 집행되었고, 2005년에는 당초 계획안인 284억원을 543억원으로 증액할 예정.

우 그 차액의 일정 부분을 보전하는 '개방 적응 소득보전직불제'에 2,262억원을 지원한다는 등의 내용이었다. 당시 대상 품목은 시설포도, 참다래, 복숭아 등 관세감축대상 품목이었다.

그러나 여기엔 오류가 있었다. 가격이 기준 이하로 하락하면 보전해주는 품목이 제한되어 있으니, 사과나 배처럼 제외된 품목은 가격 하락 시 아무런 대책이 없었다. 과일은 각 품목이 서로 대체재라는 사실을 간과한 탓이다. 포도가 가격이 싸고 양이 많으면 사과를 먹지 않고 포도를 먹게 되는 게 일반적이다. 실제로 1997~1998년에 배 가격이 하락했는데도 배 농가들은 아무런 보상대책이 없어 시군청에 배를 쌓아놓고 시위를 하기도 했다.

전체적으로 큰 틀의 정부 대책은 이랬다. 향후 농업 구조를 전업농 위주로 재편할 계획을 세웠다. 이에 따라 농가 인구의 비중을 2003년 7.5%에서 2008년에는 4.8%로, 2013년에는 3.4%로 줄이겠다는 것이었다. 농민의 숫자를 줄여 아예 문제를 발생시키지 않겠다는 말로 들렸다. 쌀의 경우 6ha규모의 전업농 7만호를 육성하고 축산업도 축산농가 2만호가 전체 사육의 85%를 담당하도록 할 계획을 내놨다. 결국 농민의 대부분인 영세농, 중·소농가들을 퇴출시키고 규모화 할 능력이 있는 농가만 남기겠다는 것이었다.

　한편으로 정부는 WTO, DDA 농업협상과 FTA 체결 등으로 인한 시장 개방에 대한 농민들의 반발을 무마하기 위해 농가 부채 일부 해결, 농민 복지 정책, 지역개발 촉진법 도입 등을 제시하는 방안을 추진했다. FTA로 인한 시장 개방과 농촌 복지 등 현안 문제를 맞바꾸는 빅딜을 추진하겠다는 것이었다. 이것은 세계 무역시장에서 한국 농업을 그대로 개방의 파고에 몰아넣고 포기하겠다는 발상이 그대로 드러난 것이라고 밖에 볼 수 없다. 문제의 본질을 두고 다른 측면으로 돌아 보상으로 봉합하겠다는 게 말이 되는가.

　이후 정부와 국회는 추가적인 FTA로 인해 늘어날 수 있는 농업 부문 피해에 대비해서 FTA이행지원특별법을 만들었다. 아울러 한칠레 FTA를 계기로 과수 산업 전반의 경쟁력을 한 단계 높이기 위해 2010년까지 1조 2,000억 원의 별도 기금을 마련해서 이를 뒷받침하기로 했다. 또 DDA/FTA 등 개방 확대에 따른 중장기 근본 대책 차원에서 농업농촌 종합대책과 삶의 질 향상 대

농사의 종말

책도 마련했다.

그래도 농민들은 이를 받아들일 수 없었다. 연일 국회 앞에서 농성과 시위를 이어갔다. 지역에서는 각 시군의회와 도의회에서 한칠레 FTA 반대 결의안을 채택하는 등 농촌은 그야말로 벌집을 쑤신 듯 어지러웠다.

한칠레 FTA 발효 이후 정부는 지원대책을 심의, 확정해야 할 FTA 이행지원위원회를 구성치 않는 등 대응에 늑장을 부렸다. 그러는 동안에도 칠레 농산물은 쏟아져 들어왔다.

정부는 각종 국책연구원 연구 결과를 내놓으며 농업이 입은 피해가 미미하다고 강변한다. 그러나 이후 각국과의 FTA 체결 결과 한국 농업은 회생 불가능 처지로 몰린 게 사실이다. 자료를 내고 얼마만큼 감소하고 축소되었는지를 수치로 말하면서 강변하면 합당한 정책인가. 그 순간에도 우리 농업은 FTA로 설 자리를 점차 잃을 뿐이다. 한칠레 FTA를 시작으로, 한미 FTA, 한중 FTA, 한EU FTA로 사태는 점점 더 악화되고 있다. 바야흐로 '경쟁력'이란 신화가 농촌에 강제되는 시대가 되어버린 것이다.

자유무역협정 이후 17년, 지금 한국 농업은②

57개국과 체결한 17건의 FTA, 농업의 피해 복구 요원

2004년 4월 1일, 한국이 처음으로 칠레와 자유무역협정FTA을 체결한 때로부터 17년이 지났다. 그 이후 한국은 57개국과 17건의 FTA를 체결했다. 한칠레 FTA 이후 한미 FTA, 한EU FTA, 한중 FTA 등 굵직굵직한 자유무역협정을 체결했다. 바야흐로 우리는 'FTA 시대'를 살고 있는 것이다.

정부는 FTA 체결이 '기업의 해외 시장 진출을 지원하고 국내 경쟁력 제고를 위한 계기를 제공하는 핵심적 통상 정책'이라고 자평한다. 또 FTA와 관련해 농업 부문에 대해 할 수 있는 모든 대책을 진행했다고 한다.

그렇지만 농민들의 입장은 다르다. 정부가 그간 발생한 농업 부문의 막대한 피해를 외면하는 평가를 하고 있다고 생각한다. 더불어 FTA 체결이 계속되는 동안 농업은 존망의 기로에 섰고, 농민들의 어려움은 계속 증가했고 일반적으로 판단한다. 또 농업 정책에서 근본적인 변화는 없이 대책 중심의 지원책만 이어졌고, 결국 이것은 농민들에게 빚만 남겼다고 본다. [표10-1,2]

과연 정부와 재계, 보수지·경제지들이 말했던 것처럼 농업 부문의 피해는

농사의 종말

미미한가. 한국농촌경제연구원의 자료에 따르면, 처음 칠레와 FTA를 체결한 지난 2004년 농식품 수입액은 축산물이 21억 달러, 과일·채소 10억 달러, 곡물 38억 달러, 임산물 40억 달러, 가공식품 35억 달러 등 총 146억 달러에 불과했다. 하지만 15년이 지난 뒤, 총 57개국과의 FTA가 발효된 2018년의 수입액은 총 353억 달러에 달해, 2004년의 2.4배가량 늘어났다.

특히 신선 농산물의 경우 정부나 농민들이나 수입이 어려울 것으로 판단했지만 이는 완전한 오판이었다. 수입액 증가세는 가팔랐고, 국내 농업계에 큰 충격을 준 것으로 드러났다. 2004년 21억 달러에 불과하던 축산물 수입액도 2018년엔 75억 달러로 3.6배, 금액으로는 54억 달러나 늘었다. 과일·채소 수입액도 10억 달러에서 32억 달러로 3.2배22억 달러나 늘었다.

이는 같은 기간 총 수입액 증가 배율 2.4배를 크게 상회하는 수준이다. 결국 FTA 체결이 축산물의 경우 자급률을 하락시켰고, 신선농산물에는 가격 변동성을 키우는 한 요인으로 작용했다는 분석이다. 이 가격 변동성은 농민들을 괴롭히는 주범으로, 매해 '갈아엎기'를 반복하는 고역을 치르게 하는 요인이다.

한국과 주요국 간 FTA 체결 이후 상황을 살펴보자. 가장 먼저 한미 FTA 한미 FTA는 충격 중의 충격이었다. 참여정부가 한미 FTA를 추진할 것이란 예상은 아무도 하지 못했다. 당시 농민들과 영화인들의 반발이 컸다. 쇠고기 수입 개방과 스크린 쿼터제 폐지 때문이었다. 이는 미국 정부가 내건 이른바 '4

구분	상대국	개시	서명
발효 (18건)	칠레	1999.12	2003.02
	싱가포르	2004.01	2005.08
	EFT[1]	2005.01	2005.12
	ASEAN[2]	2005.02	2006.08 (상품무역협정)
			2007.11 (서비스협정)
			2009.06 (투자협정)
	인도	2006.03	2009.08
	EU[3]	2007.05	2010.10.06.
	페루	2009.03	2011.03.21.
	미국	2006.06	2007.06
		2018.01 (개정협상)	2018.09.24. (개정협상)

발효	의의
2004.04	최초의 FTA, 중남미 시장의 교두보
2006.03	ASEAN 시장 교두보
2006.09	유럽시장 교두보
2007.06 (상품무역협정)	거대경제권과 체결한 최초의 FTA
2009.05 (서비스협정)	
2009.09 (투자협정)	
2010.01	BRICs 국가, 거대시장
2011.07.01. (잠정) 2015.12.13. (전체) *2011.07.01. 이래 만 4년 5개월간 잠정적용	거대 선진경제권
2011.08.01.	자원부국 중남미 진출 교두보
2012.03.15.	세계 최대경제권 (GDP기준)
2019.01.01. (개정의정서)	

구분	상대국	개시	서명
발효 18건	터키	2010.04	2012.08.01. (기본협정·상품무역협정)
			2015.05.26. (서비스·투자협정)
	호주	2009.05	2014.04.08.
	캐나다	2005.07	2014.09.22.
	중국	2012.05	2015.06.01.
	뉴질랜드	2009.06	2015.03.23.
	베트남	2012.08	2015.05.05.
	콜롬비아	2009.12	2013.02.21.
	중미5개국[4]	2015.06	2018.02.21.
	영국	2017.02	2019.08.22.
	RCEP[5]	2012.11	2020.11.15.

[표10-1] 한국 정부의 FTA 추진 현황 (2022년 2월 기준) ⓒ산업통상자원부

1) EFTA(유럽자유무역연합)(4개국): 스위스, 노르웨이, 아이슬란드, 리히텐슈타인
2) ASEAN(10개국): 브루나이, 캄보디아, 인도네시아, 라오스, 말레이시아, 미얀마, 필리핀, 싱가포르, 베트남, 태국
3) EU(27개국): 오스트리아, 벨기에, 체코, 키프로스, 덴마크, 에스토니아, 핀란드, 프랑스, 독일, 그리스, 헝가리, 아일랜드, 이탈리아, 라트비아, 리투아니아, 룩셈부르크, 몰타, 네덜란드, 폴란드, 포르투갈, 슬로바키아, 슬로베니아, 스페인, 스웨덴, 불가리아, 루마니아, 크로아티아

농사의 종말

발효	의의
2013.05.01. (기본협정·상품무역협정)	유럽·중앙아시아 진출 교두보
2018.08.01. (서비스·투자협정)	
2014.12.12.	자원부국, 오세아니아 주요시장
2015.01.01.	북미 선진시장
2015.12.20.	우리의 제1위 교역대상국('19년 기준)
2015.12.20.	오세아니아 주요시장
2015.12.20.	우리의 제5위 투자대상국('19년 기준)
2016.07.15.	자원부국, 중남미 신흥시장
2021.03.01. 전체발효	중미 신시장 창출
2021.01.01.	브렉시트 이후 한영 통상관계 지속
2022.02.01.	동아시아 경제통합 기여

4) 중미(5개국): 파나마, 코스타리카, 온두라스, 엘살바도르, 니카라과
5) RCEP(역내포괄적경제동반자협정)(한국제외 14개국): 한국, 아세안10개국, 중국, 일본, 호주, 뉴질랜드

한도숙 칼럼집

구분	상대국
서명	인도네시아
	이스라엘
	캄보디아
타결	필리핀
협상진행	한중일
	MERCOSUR[6]
	러시아
	말레이시아

추진현황	의의
2019.02.19. 협상재개 선언 2012.07~2019.10 총 10차례 협상 개최 2019.11.25. 협상타결선언 2020.12.18. 정식서명	동남아 시장진출 확대 기여
2016.05 협상 개시 2016.06~2018.03 총 6차례 공식협상 개최 2019.08.21. 한-이스라엘 FTA 타결공동선언 2021.05.12. 정식서명	창업국가 성장모델
2020.07 협상 개시 선언 2020.07~2020.11 4차례 협상 개최 2021.02.03. 한-캄보디아 FTA 타결공동선언 2021.10.26. 타결	동남아 시장 진출 확대
2019.06 협상 개시 2019.06~2020.01 5차례 협상 개최 2021.10.26. 타결	동남아 시장 진출 확대 기여
2012.11.20. 협상 개시 선언 2013.03~2019.11 16차례 공식협상 개최	동북아 경제통합 기반마련
2018.05 협상 개시 공식 선언 2018.09~2021.08 7차례 공식협상 개최 *회원국 자격 정지 상태인 베네수엘라 제외, 4개국과 진행	남미 최대시장
2019.06 한-러시아 서비스·투자 FTA 협상 개시 선언 2019.06~2020.07 5차례 협상 개최	신북방 정책추진, 거대신흥시장
2019.06 협상 개시 선언 2019.07~2019.09 3차례 협상 개최	동남아 시장진출 확대 기여

구분	상대국
협상진행	한아세안 추가자유화
	한인도 CEPA 업그레이드
	한칠레 FTA 업그레이드
	한중 FTA 서비스·투자 후속협상
	한에콰도르 SECA
	우즈베키스탄 STEP
재개, 개시, 여건조성	PA
	EAEU

[표10-2] 한국 정부의 FTA 추진 현황 (2022년 2월 기준) ⓒ산업통상자원부

6) MERCOSUR(남미공동시장)(4개국): 아르헨티나, 브라질, 파라과이, 우루과이

농사의 종말

추진현황	의의
2010.10~2021.7 18차례 이행위원회 개최	교역확대, 통상환경 변화반영
2016.10~2019.06 8차례 개선협상 개최	주력 수출품목양허·원산지기준 개선
2018.11~2021.10 6차례 개선협상 개최	통상환경 변화반영
2018.03~2020.10 9차례 서비스·투자 후속협상 개최	우리의 제1위 서비스수출국
2015.08 협상개시 선언 2016.01~2016.11 5차례 협상 개최	자원부국, 중남미 시장진출교 두보
2021.01 협상개시 선언 2021.04~11 2차례 협상 개최	중앙아 최대시장
2018.5 국회보고 2019.9 PA ToR협의개시	중남미 신흥 시장
2016.10~2017.4 3차례 한EAEU 정부간 협의회 개최 2017.9 한러 정상회담 계기, FTA 협의를 위한 공동 실무 작업반 설치 합의 EAEU (러시아, 카자흐스탄, 벨라루스, 아르메니아, 키르기즈스탄)	신북방정책 교두보 확보

대 선결조건'이었다.

결국 이명박 정부 들어 쇠고기 수입은 국민적 저항에 부딪힌다. 2008년 광화문을 달군 광우병 쇠고기 수입 개방 저지 촛불은, 당시 정부가 예상치 못한 수준의 국민적 저항이었다. 일반 시민들은 쇠고기의 안전성을 문제 삼았고, 농민들은 축산업의 도태를 문제 삼았다. 그런 국민적 저항이 있었음에도 결국, 2011년 11월 12일 한미 FTA는 국회에서 비준됐다.

이는 한국 농업의 존폐를 가르는 중대한 사건이었지만, 그다지 국민들에게 주목받지 못했다. 이후 한국 농축산물 시장은 큰 변화를 맞이 했다. 한미 FTA 시행 이후 5년 간(2012~2016년) 피해액이 가장 큰 부문은 쇠고기·돼지고기 등의 축산업이었다. 축산업의 연평균 생산 감소액은 1,195억원으로 농업 전체 피해의 61.2%를 차지했다.

2018년 4월 13일 산업통상자원부가 국회에 제출한 '한미 FTA 이행상황 평가보고서'를 보면, 축산물 가운데 돼지고기 피해액은 연평균 708억 원으로 농업 전체 피해액의 36.3%를 차지했다. 보고서는 "미국산 수입 돼지고기의 관세가 비교적 빠르게 인하돼, 협정 이행기에 영향이 큰 것으로 보인다"고 밝혔다. 쇠고기 피해액은 연평균 274억 원으로 농업 피해액의 14.1%를 차지했다. 대두 등 두료, 콩류 피해액은 연평균 240억 원으로 농업 피해액의 12.3%를 차지했다. 두류는 관세인하 대신에 저율할당관세(TRQ)가 적용된 품목으로, 무관세로 한국 시장에 들어올 수 있는 물량이 증가한 탓으로 분석된다.

농사의 종말

2012년 11월 22일 농민들이 한미FTA 국회 비준 1년을 맞아 '한미FTA 폐기,기초농산물 국가수매제 쟁취'를 외치며 '2차 농축산물 청와대 반납 투쟁'을 전개했다. ©민중의소리

　　보고서는 협정 발효 5년 간 우리나라의 전체 대미 수출이 미국산 수입보다 크게 늘었지만, 한미 FTA에 따른 수출 증가 효과는 미국이 더 누렸다고 분석했다. 5년 간 우리나라의 대미 수출액은 발효 전 5년 동안 보다 연평균 183억 9,900만 달러 증가했다. 반면 미국산 제품 수입액은 발효 전에 비해 발효 후 연평균 56억 800만 달러 증가했는데, 이 중에서 한미 FTA에 따른 직접적 수입 증가는 20억 4,700만~26억 5,600만 달러로 36.5~47.4%를 차지했다. 절대적인 수출액 증가는 한국이 더 많지만, 협정의 직접적 효과에 따른 증가액만 보면 미국이 협정 체결 효과를 더 많이 본 셈이다.

　　다음은 한EU FTA다. 한EU FTA는 2011년 7월 잠정 발효됐다. 이후 5년

간을 분석한 '한EU FTA 보고서'는 FTA가 한국 농업은 물론 국내 산업 전반
에도 부정적 영향을 미쳤다고 지적했다. 보고서에 따르면, 한EU FTA 발효
이후 한국의 총수출 중 EU 비중은 2010년 11.9%에서 2015년 9.3%로 오히려
감소했다. 수출 효자 산업인 자동차와 기타 수송기기·전자·기계 모두 비중이
줄었다.

> FTA 발효 5년간 평균 산업별 생산 효과는 전기·전자와 서비스업에만 집중
> 됐고, 농축수산식품을 비롯한 대부분의 산업에서는 마이너스를 기록했다.
> 5년 동안 서비스 분야 일자리가 1만5,255개 늘었지만, 반대로 농축수산업
> 일자리는 3,232개가 사라졌다. 농축수산업에서 줄어든 일자리는 사전분석
> 치 1700개의 2배에 이른다.
> ─2011~2015년 산업통상자원부 보고서

특히 EU는 FTA 발효 전까지 한국의 무역 흑자 시장이었지만, FTA 발효
이듬해부터 적자 시장으로 돌아섰다. 2007년 194억 달러에 달하던 흑자가,
2015년엔 91억 달러 적자로 바뀌었다. FTA 발효 이후 수입은 늘어난 데 반해
수출은 감소한 탓이다. 특히 '산업별 양극화를 초래할 것'이란 농업계의 지적
은 적중했다. 더불어 'FTA로 EU로부터의 투자가 늘 것'이라던 정부 예측도
빗나갔다. EU의 한국 투자 규모는 2008년 63억4,000만 달러를 정점으로 계속

감소해, 2015년에는 25억 달러에 그쳤다.

세 번째론 한국 농업에 가장 막대한 피해를 줄 것으로 예상됐던 한중 FTA에 대해 되짚어보자.

한중 FTA가 문제가 됐던 것은 우리 농업의 거대한 피해를 야기할 것이 예상되는데도, 농민의 일방적 희생을 전제로 협상이 이루어졌다는 점이다. 농민들은 도시의 아스팔트로 나와 국민들에게 피해를 호소했지만, 정부와 국회는 아무런 보호 장치도 마련하지 않은 채 빗장을 열어버렸다.

더구나 한중 FTA로 인한 농업피해에 대한 국책연구기관들의 연구가 진행되었지만, 정부는 자료 공개를 거부했으며, 국회의 요구에도 '자료 제출 불가' 입장을 밝혔다. 당시 언론에서 한중 FTA 농업 부문 피해가 한미 FTA의 최대 5배가 될 전망이라고 보도하자, 한국농촌경제연구원은 서둘러 해명자료를 내고 최대 3~5배라고 수정하는 웃지 못할 일도 있었다. 최대 5배나 최대 3~5배나 다를 게 무엇이란 말인가.

한중 FTA로 인한 피해가 심각할 수밖에 없는 것엔 여러 요인이 있다. 중국은 농산물 생산 구조와 재배 품종이 우리와 거의 유사하고, 지리적으로 가까워 그동안 상대적으로 많이 수입되지 않았던 신선 농산물까지 수입이 가능하다. 그러니 시장이 열리면 시설 채소나 과채류에까지 '직격탄'을 날려 농업 붕괴에까지 다다를 것으로 우려됐다. 특히 중국은 지난 몇 년 동안 산둥성 인근에 한국 시장을 겨냥한 고품질 과채류 농업을 집중 육성해 왔다.

시간이 좀 지난 일이지만, 필자의 경험도 있다. 지난 1997년 중국 산동성으로 농업 시찰을 갔을 때 이미 한국과 일본의 농민들이 산동성 곳곳에서 과일 재배를 시작하고 있었다. 개방 농정으로 압박을 받고 있던 농민들이 작은 자본으로 50만평 단위의 농사를 해볼 수 있다는 꿈을 가지고 중국으로 진출한 것이다. 하지만 당시 필자의 느낌으로는 이렇게 생산된 농산물이 국내로 들어와 국내 시장에 피해를 줄 것 같았다. 당시 시찰을 같이 갔던 농민들이 그곳에서 농사를 시작했지만, 현재 상황에서 평가해보자면 기술만 탈취당하고 실패한 상황이다.

한중 FTA 체결 전에는 중국산 농산물엔 고율의 관세가 부과되었다. 고추 270%, 마늘360%, 양파135%, 생강377.3%, 참깨630%, 땅콩230.5%, 인삼 754.4% 등이었다. 이런 고율의 관세가 FTA로 사라지면, 국내 농업이 엄청난 타격을 입을 수밖에 없다는 것은 당연한 분석이다.

2015년 12월 발효된 한중 FTA는 2021년 8월 현재까지 정확한 피해 규모를 추산한 자료가 공개되지 않고 있다. 그러니 농민으로선 한국 농업이 얼마나 큰 피해를 입었고, 어떻게 뿌리부터 흔들리고 있는지 당최 알 길이 없다.

2015년 10월 신정훈 더불어민주당 의원전남 나주시 화순군이 가까스로 농식품부로부터 받아낸 자료 '한중 FTA 농업분야 협상 시나리오 분석2013년' 보고서에 따르면, 농업 피해액이 발효 후 15년 간 1조4,174억에 달할 것으로 예측됐다. 이는 2015년 6월 산자부가 내놓은 '한중 FTA 영향평가 결과' 보고

농사의 종말

2014년 11월 20일 '한중FTA 저지, 쌀 전면개방 반대, 식량주권과 먹거리안전을 위한 3차 범국민대회'에 참가한 농민들이 벼이삭에 머리띠를 묶고 있다. ⓒ민중의소리

서가 예측한 발효 후 20년간 피해액 1,540억원의 10배에 달하는 것이어서 당시 충격을 주었다.

지금 농민들은 식량자급률이 23%로 떨어진 상황을 보며 중국산 농산물이 우리 식탁을 얼마나 잠식했는지 헤아려 볼 뿐이다. 이제 중국이 모종의 이유로 농산물 수출을 멈추면, 우리 국민이 굶어야 하는 상황이 올지도 모른다.

FTA를 시작하며 정부는 연이어 '대책'이라고 농업 부문 투·융자 계획을 제시했다. 지금까지 나온 투·융자 계획은 모두 7건이다. 2004년 한칠레 FTA 대책으로 1조4,000억원, 2007년·2011년·2012년 한미 FTA 관련 대책으로 23조1,000억원, 2010년 한EU FTA 대책으로 10조8,000억 원, 2014년 한영 연방 FTA 대책으로 11조6,000억 원, 2015년 한뉴질랜드 FTA 대책으로 1조 1000억 원, 한중FTA 대책 1조6000억 원, 한베트남 FTA대책으로 2,000억원 등이다. 또 2004년부터 2013년까지 농업농촌종합대책으로 119조원을 투입 하는 일명 '119대책'도 마련됐다.

과연 이 투·융자는 제대로 집행됐을까? 한미 FTA 대책이 추진된 지난 2008년부터 2017년까지 총 10년 간 진행된 FTA 국내보안대책 투·융자 예 산 대비 집행 실적을 분석한 결과를 보면 집행 실적은 미진한 것으로 나타났 다. 2004년 1조4,000억 원을 투·융자하겠다는 계획에서 출발한 예산계획은 2017년 기준 누적으로 31조3,000억 원을 사용할 계획이었지만 실제 집행액 은 27조5,000억 원에 그쳤다. 집행률이 87.9%로 3조8,000억 원이 집행되지 못한 것이다. 자료 농촌경제연구원

낮은 이자로 돈을 빌려줄 테니, 그 돈으로 이것저것 해 경쟁력을 높이라는 게 정부 계획이다. 이는 농촌의 실정을 도외시한 대책이다. 지금 어지간한 농 민들은 빚을 낼 수도 없다. 이미 저당 낼 한계를 넘긴 탓이다. 융자를 받아 새 로운 데에 투자를 하고 싶어도, 농자재를 포함한 생산비는 늘어나는데 농업 소득은 20년 동안이나 제자리를 돌고 있으니 수익을 내 빚 갚는 일이 요원한 상황이다. 결국 '빚'이니 좀처럼 나설 수가 없다. [표11]

더구나 시중금리가 정책자금 금리보다 하락한 상황에서도 정부는 금리를 낮추지 않았다. 농민들이 줄기차게 인하 요구를 하자, 3~4%대를 유지하던

구분	'08 (A)	'09~'17 (B)	계 (A+B)	비고
합 계	14,498	189,129	203,627	총61개 사업
단기적 피해보전	2,200	10,000	12,200	·2개 사업 – 피해보전직불(7,200), – 폐업지원(5,000)
한국농업의 체질개선	6,190	115,269	121,459	·26개 사업
– 맞춤형 농정추진	3,753	84,995	88,748	·농업경영체등록제(690), 경영이양직불(17,895), 교육훈련(2,980), 농기계임대(2,980), 후계농육성(26,322), 농가단위소득안정직불(17,200), 재해보험(20,719)등 8개 사업
– 신성장동력 확충	2,437	30,274	32,711	·광역식품클러스터(1,000), 친환경물류센터(500), 농림기술개발(8,930), 바이오기술산업화(1,320), 해외시장개척(4,046), 한식세계화(480)등 18개 사업
품목별 경쟁력강화	6,108	63,860	69,968	·33개 사업
– 축산분야	3,542	43,398	46,940	·축사시설현대화(14,700), 조사료생산기반 확충(8,028), 분뇨처리시설(6,418),

				(쇠고기)육류이력추적시스템 (1,273)등 17개사업
- 원예분야	2,508	20,314	22,822	·인삼계열화(6,801), 원예작물브랜드 육성(4,202), 과수고품질생산시설 현대화(3,856) 등 14개사업
- 식량분야	58	148	206	·밭작물브랜드(170), 고랭지 감자광역유통(36) 등 2개사업

[표11] 한미FTA 투·융자 규모(20.4조원) ©농림축산식품부

폐업지원으로 2004년에만 1,800억원 이상 신청되었으나 예산부족 및 국내수급균형 유지를 이유로 247억만 집행되었고, 2005년에는 당초 계획안인 284억원을 543억원으로 증액할 예정.

정책자금 이자를 낮추기로 한 것이 2015년 8월이다.

그나마 마련된 이 대책들의 추진 기간도 이제 얼마 남지 않았다. 그런데 FTA로 인한 농업의 피해는 지금까지 발생한 것이 끝이 아니다. 앞으로 FTA 체결국에서 들어오는 농축산물의 수입관세는 현재보다 더 낮아지고 관세할당물량TRQ은 늘어나게 된다. 방어막이 완전히 사라진다는 의미다.

'자유무역협정 체결에 따른 농민 등의 지원에 관한 특별법'에 따라 진행되고 있는 농업분야 FTA 국내보안대책은 발효일로부터 통상 10년간 추진하는 것을 골자로 한다. 이에 따라 주요 대책 중 한미FTA 대책은 지난 2017년으로

농사의 종말

추진 기간이 만료됐고, 한EU FTA 대책은 2020년에 만료됐다. 이어지는 한영 연방 FTA 대책은 2024년에, 한중/한베트남 FTA 대책은 2025년에 기간이 만료된다. 사실상 주요 대책은 앞으로 5년 뒤에 마무리된다는 뜻이다. 또 FTA 피해보전 직불제와 폐업지원 대책도 한중 FTA 발효를 기준으로 피해보전 직불제는 10년, 폐업 지원제는 5년간 한시적으로 운영된다.

농민들은 개방이 계속 가속화되는 상황에서 앞선 17년의 상황을 비춰볼 때 앞으로도 뭐가 달라질 지 모르겠다는 게 입장이다. 한중 FTA를 시작하면서 일부 농민들이 주장해 만들어진 상생자금의 경우 10년 간 1조원을 적립하기로 했지만 강제성이 없어 돈을 내놓기를 주저해, 2018년엔 20%도 적립되지 않았다고 한다. 이렇게 하고도 지난 2019년 FTA 개시 15주년을 기념해 산업통상자원부 주최로 열린 포럼에서는 '포용의 FTA를 추진해 나가겠다'면서, '농업 등 FTA 피해 산업의 혁신과 전환을 지원해 새로운 활로를 찾도록 돕겠다'고 했다고 한다. 돌아보니 '사탕발림'에 불과한 말을 믿고, 한발 물러선 것이 농업을 이 지경으로 만든 것이란 결론에 도달하게 된다.

요란했던 '농업 농촌 지원 119조원 투·융자'의 결말

끝내 사라진 투·융자, 국가지원마저 대폭 축소

WTO가 난항을 겪으며 농업 부문에서 더 이상 합의가 나오지 않자, 국제적으로 다자 간 협상은 물 건너가는 듯했다. 그러자 '양자 간 협상'이란 것이 불거졌다. 이것이 FTA이다. 농산물 수출 강대국들은 개발도상국들을 상대로 1대 1로 농산물 수출 장벽을 뚫어내는데 진력했다.

2002년 11월 한강 고수부지에서 10만의 농민들이 난장을 벌였다. 그 농민 대회장에서 날아오는 달걀을 피하지 않으며 한칠레 FTA과 쌀 추가 개방을 반드시 막겠다고 사자후를 토하던 사람이 그해 12월 대통령에 당선됐다. 그렇게 참여정부는 출범할 때부터 국민들에게 신선함이 있었다. 노무현이란 너무나 인간적인 사람이 대통령이 된 극적인 사건에 농민들은 환호했다.

그러나 주류 사회는 반발했다. 아니 그를 대통령으로 인정하지 않았다. 노무현 대통령은 미국에 가서 굽실대는 모습을 보이지 않겠다고 했다. 그러다 한나라당으로부터 탄핵을 당하지 않았던가. 노 대통령은 2003년 5월 미국 워싱턴을 방문하면서 "한국은 농업 분야를 위협하는 어떠한 FTA도 추진하기

농사의 종말

어렵다는 것을 알고 있다"고 말했다. 그렇지만 얼마 가지 못해 한칠레 FTA 비준안에 서명했다.

그 당시 노무현 대통령은 이것을 '또 다른 도전'이라고 했다. 하지만 농민들과 진보진영은 비판하며 결별을 선언했고, 청와대 수석이었던 정태인 박사마저 떠나버렸다. 그러니 노 대통령의 그 도전은 농민들이나 농업 부문의 의견을 제대로 챙기지 못한 것이라고밖에 볼 수 없다.

이후 노 대통령의 입장은 사뭇 달라졌다. 그는 2005년 11월 아시아태평양 경제협력체APEC 개최를 계기로 싱가포르 경제전문 월간지 〈아시아INC〉와 한 인터뷰에서 "한-칠레 FTA가 발효되기까지 개방에 대한 막연한 두려움으로 한국 내에서 많은 진통을 겪었으나 이제 한칠레 FTA를 통해 개방에 대한 필요성을 인식하고 자신감을 갖는 계기가 마련되었다"고 말했다. 또 이런 토대 위에서 아세안ASEAN, 일본 등과 다발적인 FTA를 추진해 나가고 있다며 한국 정부의 무역 자유화에 대한 의지를 강조했다고 한다.

2005년 11월 정부의 쌀 관세화 협상이 국회 통과를 앞두자, 농민들은 서울 여의도에서 대규모 시위를 열었다. 농민들이 국회 앞으로 몰려들자, 수많은 경찰들이 방패를 세우고 몽둥이를 휘둘러 피를 보게 했다. 이날 경찰 공권력에 의해 전용철, 홍덕표 두 농민이 사망했다. 농민들의 참여정부에 대한 기대는 이 사건으로 산산이 부서졌다.

노무현 대통령은 2006년엔 농민들이 '검은 머리 미국인'이라고 비아냥댔던

김종훈을 수석대표로 임명해 한미 FTA를 추진하기 시작했다. 이때 농업 부문과 관련해선 별다른 대책도 없었던 것 같다. 또 한미 FTA가 어떤 후유증을 낳을 것인지에 대한 검토도 제대로 하지 못한 것 같다

당시 일본은 농업강국들과 자유무역협정을 통해 농산물에 대해 관세를 철폐할 경우 일본 농업 생산액의 42%가 감소하고, 농업 식품산업 관련 종사자 375만여명이 일자리를 잃을 것이라고 예측했다. 그러나 한국의 공무원들은 이런 종합적 연구조차 하지 않았다. 나는 그런 데이터를 본 적이 없다. 그들은 농민들이 다방에서 커피나 마시고 보조금이나 축낸다는 비난만 했다.

정부는 '농업개방정책'을 추진하며 농민들에겐 자금을 수혈해 위기를 견디도록 하고, 한편으론 농업 구조조정을 통해 농업 재편을 하려는 뜻을 가지고 있었다. 이 과정에서 나온 것이 '119조원 투·융자 사업'이었다. 119를 통해 출동한 소방관들의 주임무가 불을 끄는 것이다. 아마도 정부는 그런 맥락에서 '119'라는 숫자를 끌어들여 농민들의 불만을 잠재우려 했던 것 같다. 이것도 나중에는 추경이 편성돼 123조원으로 증액됐다. 그런데 이 돈이 어디에 어떻게 구체적으로 쓰였고, 효과는 어땠다는 보고서는 십수 년이 지난 지금도 좀처럼 찾을 수 없다.

당시 신문엔 "119조원 농어촌 구조조정자금으로 풀린다"란 기사가 연이어 보도됐다. 내용은 주로 농촌에 엄청난 혈세를 쏟아붓는 게 아니냐는 볼멘소리였다. 결국 한미 FTA 타결 이후 가장 피해가 클 것으로 예상되는 농업 부문

에 대한 지원 방식 및 규모에 대해 사회적으로 논란이 일었다. 일부 보수 언론과 재계, 비농업 전문가들은 정부의 농업지원정책을 '밑 빠진 독에 물 붓기', '농업 지원의 모럴해저드', '퍼주기식 지원'이라고 비난을 일삼았다.

　농민들은 이 같은 논조에 동의할 수 없었다. 119조원이 어디 모두 농민에게 지원된 돈이었던가. 농민에게 직접 지원되는 금액은 전체 투·융자 금액의 30%가량이며, 나머지 70%는 경지 정리, 농산물 유통시설 현대화 등 농업의 하부구조 개선과 국토의 균형발전 차원에서 농촌 개발에 쓰이는 돈이었다.

　제1차 투·융자기간1992~98, 7년 간에는 48조6598억원이, 제2차 투·융자기간(1999~2003, 5년 간)에는 40조9,858억 원의 재정이 투입됐다. 3차 기간이라 할 수 있는 2004~2013년까지 10년간에는 119조원이 투·융자된다. 연평균 총투·융자액을 명목 가격으로 비교하면 119조 대책은 1차에 비해 1.7배, 2차에 비해 1.5배의 투·융자를 하는 셈이다. 연평균 국고 지원만을 명목으로 따지면 1차에 5조1,786억원, 2차에 6조5,254억 원, 3차에 11조9,290억원으로, 119조 대책은 1차보다 연평균 2.3배, 2차보다 1.8배 많다. 그러나 물가인상률을 4%로 가정하고 2000년 실질 가격을 기준으로 계산하면 119조 대책의 연평균 총 투·융자액은 1단계에 비해 불과 1.01배, 2단계에 비해 1.09배에 지나지 않는다.

－강기갑 의원 국감보고서 〈한국농어민신문〉 2006. 10. 19.

문민정부와 국민의정부가 UR 이후 1992년부터 10년 간 약 90조원을 농어촌 구조조정과 경쟁력 강화에 투입했다. 그럼에도 그 효과는 보잘것없었다. 2003년 무렵 농가수는 대폭 줄어들었다. 농민들은 절박함에 처해있었다. 119조원을 농어촌에 투입한다는 결정은 그런 상황을 반영한 것이었다. 문민정부, 국민의 정부, 참여정부가 계속 똑같은 대책을 냈다는 게 신기할 따름이다. 어째 별 성과가 없는데 농민들의 목소리를 들어볼 생각은 안 하는 건지. 관료들과 경제학 교수들이 만든 자료만이 전가의 보도처럼 쓰이고 있었다.

참여정부가 추진한 2013년까지 10년 동안 총 119조원을 투입하는 '농어촌 종합대책'은 경쟁력 있는 품목을 집중적으로 육성해 개방화 시대 우리 농업의 경쟁력을 키우는 데 초점이 맞춰졌다. 아울러 친환경. 고품질 농업으로 지속 가능한 농업을 추진하고, 잘 사는 농업인 육성에 집중해 살고 싶은 농촌으로 거듭나게 한다는 계획이었다. [표11]

119조 투·융자계획을 들여다보면 10년간 119조원 가운데 정부 예산은 79%인 94조원, 기금은 21%인 25조원이다. 연도별 투·융자규모는 2004년 8조4000억원에서 2005년 9조6000억원, 2006년 10조4000억원, 2007년 10조7000억원, 2008년 11조8000억원으로 연평균 7.8% 증가하는 것으로 나왔다. 이는 정부의 사업예산이 매년 3%씩 증가하고, 성장 분야의 경우 5%, 그 외 분야는 1.2% 증가되는데 비하면 높은 증가율이었다. 분야별 투·융자

비중은 농가소득 및 경영안정, 농촌복지 및 지역개발 분야는 확대하는 반면 농업생산기반정비는 감축했다. 2004~2008년까지 5년간 분야별 투·융자 비중은 농업체질 강화와 경쟁력 제고에 36.5%, 소득 및 경영안정 강화에 25.6%(이중 직접지불 사업은 18.3%), 농촌복지증진 및 지역개발에 12.2%, 농산물 유통개선에 9.9%, 농업생산기반정비에 15.8%이다.
– 〈한국농어민신문〉 119조 투·융자 농촌종합대책, 2004. 2. 2

분야별	규모(백억원) (2004~2013)	비중		
		2004	2008	2013
농업정책(경쟁력제고대책)	6,230(52%)	58.1%	53.5%	47.4%
– 농업체질강화	3,622	26.6	28.5	32.2
– 농업생산기반정비	1,675	24.0	15.7	8.8
– 농산물유통혁신	933	7.5	9.3	6.4
소득정책(농업인대책) – 농가소득·경영안정	3,242(27%)	26.0	26.2	30.0
농촌정책 – 농촌복지·지역개발	1,761(15%)	9.3	14.4	17.2
기타(산림자원육성)	696(6%)	6.6	5.9	5.4
계	11,929백억원			

[표11] 분야별 119조원 투융자 비중, 농촌정보문화센터 정재현, 2006. 8. 23
ⓒ정책브리핑

이런 어마어마한 투·융자 계획은 숫자놀음에 불과한 것이었다. 처음 문민정부가 세운 42조원과 국민의 정부, 참여정부가 연이어 세운 계획에서 중첩된 부분이 생겨날 수밖에 없었다. 문민정부가 세운 7년간의 예산은 국민의 정부로 약 1년 치가 넘어가고 국민의 정부는 5년간만 계획했으므로 중첩되진 않았지만 참여정부는 10년의 계획을 짠 것이라서 차기 정부까지 예산이 넘어가는 면이 있다. 그러나 차기 정부가 그 계획을 제대로 시행할 것이라는 담보가 없으니 그야말로 숫자 놀음에 불과한 것이다.

그래서 참여정부 5년 간의 투·융자규모를 살펴봐야 한다. 참여정부의 119조 투·융자는 앞선 두 정부가 1992~2002년까지 11년 동안 농업·농촌에 투·융자한 중앙정부 지원분 62조원의 약 2배 수준이다. 그러나 그것은 허수일뿐이라는 지적이 많았다.

10년 간 투·융자 계획 중 참여정부가 재정계획으로 반영해 책임질 수 있는 투·융자 예산은 51조 원이었다. 그중 2004년 분 8조4,500억 원은 국민의정부가 99~2004년까지 5년 간으로 짰던 45조 농업농촌 투·융자계획의 2004년도 예산과 겹친다. 따라서 51조원 가운데 8조4,500억 원을 빼면 2008년까지 4년 간 42조5,500억 원을 투입하는 것이었다.

거기에 물가인상과 예산 증가를 감안해보면 참여정부 119조 계획은 그동안 2개 정부의 투·융자 총액보다 늘어난 게 아니란 것을 확인할 수 있다. 1992~98년까지 1단계 42조원, 1999~2004년까지 45조원, 1995~2004년의 농특세 15조를 합치면 그동안 총 투·융자금액이 102조원이다. 참여정부 투·융자계획 119조원에서 2004년분 8조4,500억원을 빼고 9년 간 투입한다는 110조5,500억원을 102조원과 비교하면 큰 차이는 아니었다.

물론 참여정부 계획은 예전과 달리 지방비와 자부담을 빼고 중앙정부 지원분만 계상했다는 것을 감안해야 했다. 119조원 가운데 참여정부가 2008년까지 국가재정계획으로 책임진다는 51조원을 빼면 2009~2013년까지 5년간 68조원이 차기 정권의 몫이었기 때문에, 투·융자계획이 법으로 보장되지 않는 한 2009년부터는 지속적인 투자를 확신할 수 없는 것도 문제였다.

게다가 119조 투·융자계획을 농림예산에 반영할 경우, 노 대통령이 대선당시 약속한 국가예산 대비 농림 예산 10% 이상 확충 공약은 지킬 수 없었다. 농림예산은 UR 타결 당시인 문민정부 시절에는 농특세 신설, 42조 사업의 3년 조기 집행 등으로 1993년 10.4%, 1995년 12.8%, 1997년 11% 등 10%를 크게 웃돌았다. 그러다가 국민의 정부 시기인 1998년 9.5%(문민정부 편성한 것)로 줄어들었다.

이어 국민의 정부 시기인 1999~2002년 중기재정계획에서 농림부문 예산은 8%대로 떨어진다. 실제 2000년 8.5%, 2001년 7.9%, 2002년 8%로 줄다가 참여정부가 들어선 2003년엔 8.3%(국민의 정부가 작성했으나 추경에 의해 증가) 다소 는다. 2004년에도 그와 크게 다르지 않았다. 그해 한 농림부 관계자가 '119조가 계획대로 집행된다 해도 국가 예산 대비 농림예산 비율은 2006년

9.5%, 2008년 9.8%'라고 했으나, 이는 영 헛말이 되고 말했다. 2009년에 5%

대로 하락했기 때문이다. [그림3-1,2]

농식품부 예산, 단위:원

전체

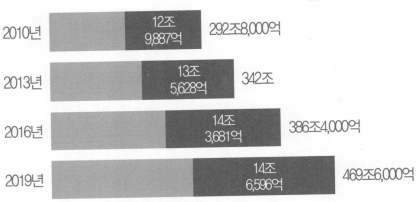

[그림3-1] 국가 전체 예산 및 농식품부 예산 추이 ⓒ기획재정부·농림축산식품부

단위:%

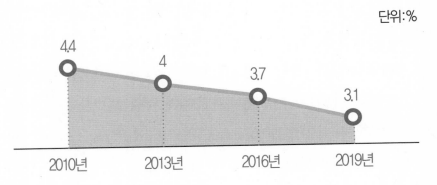

[그림3-2] 농식품부 예산 비중 ⓒ기획재정부·농림축산식품부

농사의 종말

2012년 7월 3일 이명박 정부를 규탄하는 피켓을 들고 있는 농민들. ⓒ민중의소리

그렇다면 참여정부 시기 계획된 투·융자 계획은 이명박 정부로 넘어와 지켜졌을까? 아니다. 이름이 이것, 저것으로 바뀌더니 끝내는 사라지고 말았다.

이명박 대통령은 2009년 3월 3일 뉴질랜드 오클랜드 식물식품연구소를 방문해 "한국 농촌도 많이 발전했는데 아직 투자에 비하면 농산물 경쟁력이 썩 높지 않다"면서 "농업 개혁 이전의 뉴질랜드와 같이 한국 농촌은 여전히 (정부)지원을 받아서 하고 있는데 이제는 변화가 필요하다"고 말했다. 이 같은 발언은 한국 농업의 정부 의존성이 문제라는 것이며, 정부지원금을 없앤 뉴질랜드의 농업 위기 극복사례를 벤치마킹하겠다는 것으로, 농업에 대한 국가지원 축소를 예고한 것으로 해석됐다.

「4대강사업 대재앙의 시작」

녹조수 발명상

대한민국 17대 대통령 이명박

70%가 반대했던 4대강사업을 불도저 같은 아집과 독선으로 자연과
하는 인류 본연의 의무를 바리했음을 먼저 밝히는 바이다.

업을 진행하면서 재퇴적이 분명할 것임에도 물그릇을 키운다는 허황
m의 물길에 5억6천㎥라는 가늠하기도 어려운 양의 준설을 통해 역행침
강의 자연스러운 흐름과는 배치된 인위적인 흐름을 만들어 놓았다.

전역에 수많은 전문가와 시민사회의 반대에도 불구하고 16의 댐을 건
을 틀어막아 강의 유속을 정체시켜 무엇보다도 4대강을 오수화 한 주

5천만 국민의 식수원을 위협하며 독성조류로 자가 증식하는 22조원
발명하기에 이르렀다.

2012년 8월 9일 열린 '4대강 전역의 녹조현상, 전문가 진단과 녹조수 발명상 시상식'에서 이명박 대통령에게 수여된 녹조수 발명상 상장. ⓒ민중의소리

이명박 정부는 기업농만 강조하며 농업 전반에 대한 단기 대책, 중장기 대책을 내놓지 않았다. 다만 한미 FTA 후속조치라며 119조원 중 나머지 68조원을 이리 쪼개고 저리 쪼개 21조원의 상당의 투·융자 계획을 내놨을 뿐이다. 그것도 윗돌 빼서 밑돌 고이는 방식이었다. 그 결과는 참담한 지표로 나타났다. 노무현 정부 시절까지만 해도 100을 웃돌던 농가교역조건이 100이하로 추락하면서 5년 평균 89.5를 기록했고, 농가소득은 2012년 기준 도시근로자 소득의 58% 수준으로 떨어졌다.

당시 4대강 살리기 본사업으로 추진됐던 농업용 저수지 둑높임 사업 예산이 4,066억원 늘어난 것을 제외하면, 실제로 농업예산은 5,051억원 전체 예산

농사의 종말

대비 4.5%로 감소했다. 4대강 관련 사업 예산 때문에 농가소득· 경영안정, 농촌개발· 복지증진, 농업체질강화 등 모든 예산이 줄어든 것이다.

이명박 정부 들어 한미 FTA가 타결되고 한EU, 한아세안 그리고 한중 FTA까지 추진했던 걸 보면, 과거 기조를 따른다 해도 농촌 투·융자는 계속되어야 했다. 그런데 어찌 된 영문인지 68조원의 투·융자는 이름을 바꾸며 사라지고 말았다. 게다가 한 술 더 떠 농업예산은 해마다 그 비중이 줄어 이제는 3% 아래로 곤두박질친 상황이다.

함정에 빠진 농가부채 대책

세금만 축내고 성과도 미비한 미봉책

1990년 말 8조 3천억 원에 불과하던 농가부채가 2002년 말 25조 5천억 원으로 약 3배 이상 늘어났다. IMF 사태가 한창이던 1998년 한 해에만 5조 3천억 원이 늘어났다. 농가부채는 왜 이렇게 급증하게 되었는가. 원래 농가부채에 영농을 확장하는데 쓰이는 비용은 포함하지 않는 것이 경영학의 상식이다. 부채도 자산이기 때문이다. 그러나 부채의 급격한 증가가 영농활동을 통해 상환이 곤란하게 되면서 농가부채가 문제가 되기 시작했다.

1993년 12월에 타결된 UR 농산물협상의 막바지까지 당시 한국 정부는 '쌀은 한 톨도 수입하지 않겠다'고 공언했지만 이를 지키기 위해 축산물을 포함한 타 분야에서 불리한 협상을 하고 말았다. 잘못된 전략의 결과는 쌀의 최소시장접근MMA을 허용하며 10년간 '관세화 유예'를 받아냈다.

한편 UR 협상이 끝나기 전에 문민정부는 개방농정에 대비한 농어촌 구조조정에 착수했다. 이를 위해 2002년까지 무려 42조원이 투입된 '농업구조개

농사의 종말

선사업'을 시작했다. 이를 위해 15조 원의 농어촌특별세를 시한부 2004년까지로 신설 재원을 확보했다. 그 과정에서 농업구조개선사업은 농업경쟁력 강화의 조기실현을 위해 당초 계획을 10년에서 7년으로 3년 단축해 1998년에 종료하도록 하였다. 그 결과 이처럼 엄청난 규모의 정책자금이 융자와 보조금의 형태로 단시간에 농업부문에 집중적으로 투입되었다. [표12]

	1995	2000	2005	2006	2007	2008
농가자산	158,171	159,975	298,178	356,963	395,981	341,227
고정자산	134,334	125,918	238,399	284,696	315,569	283,826
(토지)	(105,444)	(81,231)	(158,923)	(200,854)	(227,757)	(198,087)
재고자산	4,098	47,96	5,425	5,460	5,779	5,283
당좌자산	19,739	29,261	54,354	66,806	74,639	52,118
농가부채	9,163	20,207	27,210	28,161	29,946	25,786
고정부채	-	-	22,451	23,577	24,259	20,798
유동부채	-	-	4,759	4,584	5,687	4,986
〈용도별〉						
농업용	6,351	12,153	16,315	16,042	16,481	13,600
가계용	1,110	3,882	6,614	7,160	7,725	6,446
기타	1,701	4,171	4,280	4,958	57,40	5,741
〈차입처별〉						
금융기관	8,364	19,106	22,769	23,065	24,006	21,832
개인및기타	799	1,101	4,442	5,095	5,940	3,955

[표12] 농가자산 및 부채현황 ⓒ통계청

농가부채가 이렇게 누적된 것은 그동안 정부 농정의 실패와 IMF 사태로 인한 경제위기의 파급 때문이다. 구조개선사업 과정에서 융자금이 부채로 누적되었다. 농가소득지지정책은 없고 규모화 정책에 의해 42조 농업 투융자사업 중 농민에게 직접 투입된 13조원에서 보조액 2조5천억원을 제한 10조9천억 원의 융자금이 그대로 농가부채로 전환된 것이다.

– 민주노동당 기관지〈이론과실천〉2001년 4월 창간준비 1호 장상환

또한 작물경작체계, 적정 생산규모 등을 무시한 규모화·전문화를 무리하게 추진하여 일부 작목의 과잉생산·가격폭락을 유발, 농가소득을 위협했다. 포도, 배, 단감 등은 1999년 1990년에 비해 재배면적이 두세 배 정도 늘어났고 시설채소 재배면적도 같은 기간에 2만2천ha에서 5만3천ha로 늘어났다. 정부는 수입이 어려운 이들 작물의 재배를 권장하기까지 했다.

그러나 농가소득은 농업수익성을 상회하는 금리로 인해 매년 낮아지고 말았다. 농촌경제연구원 자료에 의하면 1998년 농업자본수익율은 정책금리 수준 5%에도 못 미치는 3.56%에 머물렀다.

그런데다 설상가상으로 IMF사태가 닥쳤다. 농가소득 및 농가경제잉여농가처분가능소득에서 가계지출 중 소비지출을 뺀 금액가 줄어든 데다가 부채상환이 연기되어서 부채규모가 증가했다. 농업경영비 증가 및 사료값 인상요인으로 인한 소값 하락 등으로 소득이 감소하여 채소, 화훼, 축산, 특작 농가

농사의 종말

의 경영이 악화되었다. 여기에 IMF사태로 국민소득이 감소되고 수요가 줄어들면서 가격 폭락이 가중되었다. 특히 2000년 가을 수확기에는 거의 모든 농산물 가격이 종래 가격의 1/2 내지 2/3 수준으로 하락하여 대부분의 농가가 부채상환이 불가능하게 되었다.

당시 일만 평 규모로 배 농사를 짓던 필자는 연대보증피해를 포함해 3억 원가량 부채가 누적되어 있었다. 상황이 이러한데 배값은 반토막이 났다. 시장 출하는 곧 적자로 이어질 수밖에 없는 상황이었다. 농가 몇 명이 힘을 모아 시청 앞에 배를 내려놓았다. 지자체라도 나서서 농산물 팔아주기라도 해보라고 한 것이다. 각 회사 공무원들에게 배 사 먹기 운동이 펼쳐졌다. 그러나 800명이 넘는 배 농가가 제대로 도움을 받기는 쉽지 않았다. 소식을 들은 방송국에서 취재요청이 왔다. 탤런트 전원주 씨가 하는 아침 방송을 촬영했다. 사정을 들은 전원주 씨가 저녁에 명동에 나가 배를 팔아보자고 제안해서 탤런트들이 동원돼서 배를 파는 장면이 연출되기도 했다.

가슴 아픈 농민들의 이야기가 잠시 전파를 탔지만, 국민들은 금방 잊어버리고 말았다. 그해 겨울에는 농기계반납투쟁도 이어졌다. 농가소득은 반토막이 나고 이자를 감당할 수 없는 상황이 왔다. 1991년도에 4,000평 과수원을 개원했는데 아직 제대로 수확하기도 전에 매각을 생각하고 있었다.

농민들의 연이은 자살은 급격하게 불어난 농가부채가 원인이었다. 1999년 평균 농가소득은 호당 2,232만원인데 평균 농가부채는 1,854만원이었다. 전체 농가부채는 38조원 규모로 천문학적인 수치였다.

새천년을 맞은 2000년이지만 농업계는 농민들의 잇따른 자살로 위기감이 고조된 상황이었다. 언론에 보도된 농민들의 자살이 이 해 하반기에만 6건에 달했다. 농민들은 11월 21일 전국 곳곳에서 농가부채특별법 연내 제정 촉구 1백만 농민궐기대회를 열었다. 농민들은 연체이자마저 갚을 수 없는 파산 직전 농민들과 연대보증으로 적색거래자로 등록된 농민들을 구제하는 게 시급하다며 △정책자금 상환기간 5년 유예 및 금리 3%로 인하, △상호금융은 금리 5%로 인하. △연체이자는 전액탕감 등을 요구했다.

그날 우리는 신한국당 여의도 당사 앞에서 시위를 벌였다. 당사 철문을 당기고 당사 앞에 승용차에 불을 붙이는 등 격렬하게 시위를 했다. 신한국당 농해수위원장이 안동출신의 권모 씨였는데 사태가 어렵게 되자 대표단을 구성해 만나자고 했다. 10여명의 대표단에 나도 끼었다. 몇 층인지 승강기로 올라 농해수위 위원장을 만났다. 성난 시위대에 비해 대표단은 대체로 차분했다. 농해수위위원장도 빤질거리긴 하지만 대체로 이야기를 듣는 편이었고 농민들의 입장을 이해하는 듯했다. 농가부채라면 나도 이가 갈리는 상황이라 나도 한마디 거들었다. 바로 어깨보증의 문제가 심각하다는 취지의 말을 했다. 당시 나는 모든 부채가 3억원가량이나 되어 위기일발의 상황이었다.

김대중 정부는 농가부채해결을 농정공약으로 내걸었다. 몇 차례 대책이 나오긴 했으나 잘 알아듣지도 못하는 정책인지라 농민들은 시큰둥했다. 농민들

농사의 종말

2003년 4월 16일 김영진 농림부 장관이 전농 천막농성장을 찾아 국회에 상정된 농가부채특별법 개정안에 관한 면담을 진행했다. ⓒ민중의소리

은 원칙적으로 탕감을 주장하기도 했다. 2000년 겨울을 뜨겁게 불태운 농가부채특별법은 여야3당이 합의해 12월 국회를 통과했다. 당시 농림부 장관 한갑수는 집권당인 민주당이 농가부채특별법을 당론으로 채택한 뒤에도 농민들의 도덕적 해이를 나무라며 반대 입장을 밝혀 입방아에 올랐다. 여야가 합의한 농어업인 부채경감 특별법 역시 핵심 중 하나인 연대보증문제를 해결하지 못하고 지원규모도 농민들의 요구에 미치지 못해 실제 문제해결엔 이르지 못했다.

정부는 재벌을 포함한 기업과 금융 회생에 자그마치 100조원이 넘는 공적자금을 투입했다. 그러나 도농불이, 신토불이를 외치면서도 농촌, 농업, 농민회생에 3조원을 투입하는 건 외면한 것이다. 그런 과정에서도 농민들은 여기 저기서 농약을 마셨고 개방농정으로 인한 농가 압박은 더욱 심해지는 상황이 되었다. 그것이 국민의 정부 한계였다.

이렇게 농가압박이 심해지자 정부는 2004년 한칠레 자유무역협정 비준 동의한 처리 때 농업인 추가지원 대책으로 부채경감대책을 내놓았다. 2000년 1월 1일부터 2003년 말까지 4년 동안 농가가 대출받은 상호금융자금 가운데 70% 정도인 농업용 자금에 대해 이자를 현재 평균 8% 수준에서 3% 포인트를 정부가 대신 갚아주겠다는 것이다. 전체 상호금융 자금 중 70% 수준을 정한 것은 가계자금 등을 제외하고 순수하게 농업용으로 사용한 것만을 부채경감대상으로 적용하기 위한 것이다.

경감대책은 △기존 정책자금 금리 4%에서 1.5%로 인하 및 상환기간 최장 20년 연장, △상호금융 저리대체자금 및 농업경영개선자금 금리 6.5%에서 3%로 인하, △2000년에서 2003년까지의 상호금융 대출금 가운데 농업용 자금 금리 3%포인트 인하, △신규정책자금 금리 4%에서 3%로 인하, △연대보증 피해자금 상환기간 최장 20년 연장, △농업경영회생자금 지원 등 1년간 농가 부채 경감액은 7천500억 여 원으로 추정했다.
-〈정읍신문〉2004. 2. 20.

농림부는 세부사업지침에 금융자산 과다보유 등 부채상환능력이 충분한 농업인은 지원대상에서 제외하는 등의 심사기준을 마련하는 한편, 농협 지역 본부·시군지부·조합에 부채 심사위원회를 설치했다.

2004년 5월부터 농협 경기도본부에서 농가부채심위위원회가 열렸다. 나는 심사위원으로 자리를 함께했다. 농가부채 대책이라야 이자 경감 정도와 연대보증피해를 20년간 조금씩 나누어 갚도록 한 것이 전부였던 것 같다. 심사를 하다 보니 42조원의 구조개선자금이 축산업에 집중됐다는 사실을 알게 됐다. 양계업이나 양돈업은 수억에서 수십 억에 이르는 규모였다. 어느 양계업자는 40억원에 육박하는 농가부채를 가지고 있었다. 일각에서 도덕적 해이를 문제 삼을 수 있는 여지가 충분했다. 이미 자금을 투자하는 농장주들은 집이나 자동차들이 다른 사람의 명의로 되어있음을 확인했다. 이들의 이자 감면액은 어마어마한 금액이었다. 나는 심사를 보류하고 실태를 정확히 조사할 것을 요구했다. 그러나 심사위의 생각은 달랐다. 그것이 문제가 돼서 전국화되면 그나마 나온 부채해결이 어렵게 꼬일 수도 있다는 입장이었다. 그런데 돈을 차용해준 농협으로서는 이렇게 이자를 감면해서라도 경영안정을 도모하면 상환에 안정을 기할 수 있는 이점이 있다. 그래서 가능하면 모든 신청한 농가부채를 통과시키려고 했다. 나도 그들의 의견을 거부할 수 없었다.

농가부채의 결정적 요인은 42조원이 투입된 구조개선 사업 자금이었다. 구조개선 사업의 명목은 개방농정에 대비한다는 것이었다. 그러나 농민들은 부지기수로 목숨을 잃고 야반도주를 해야 했다. 바로 우리 이웃에서도 빚타작을 하다가 도망친 정미소가 있었다. 아울러 IMF와도 관련이 있다. 정미소에 믿고 쌀을 맡겼던 농민들은 크고 작은 피해를 입었다. 대통령은 대선공약으로 농가부채특별법을 제정하겠다고 말했고 총선 때도 여야 3당 모두 농가부채해결을 공약으로 내세웠는데, 특별법 제정에는 관심을 보이지 않았다. 생색내기로 농가부채대책을 간간이 발표했을 뿐이다.

정부의 1999년 12월까지 이어진 5단계에 걸친 부채대책은 문제의 본질을 제대로 인식하지 못한 농민 달래기용 미봉책에 그쳤다. 자금지원이 극히 제한적일 뿐만 아니라 현재 농민들이 담보부족과 신용불량상태에 있는데도 지원조건이 정상 상환한 자로 한정되어 실제 부채에 시달리고 있는 연체 농민들은 대상에서 제외되었다.

1차로 1998년 IMF위기 극복대책으로 농업관련기금의 금리를 동결하고, 농축산경영자금 6,500억원을 확대 지원하여 5,437억원의 부담을 경감시켰다. 2차로 1998년 11월 농가부채대책을 시행하였다. 이로써 5,912억원의 부담 경감 혜택을 주었다. 3차로 1999년 3월 부채경감대책에서는 7천억 원 규모의 특별경영자금을 연리 6.5%, 2년 후 일시상환조건으로 지원하였다. 4차로 1999년 8월에는 연대보증 부담 완화 및 연체 채무해소대책으로서 회생가능한 자를 경영평가하여 1조4,500억원의 특별경영자금을 지원하였다. 5차로 1999년 12월 부채경감대책에서는 상호금융 1천만원 한도 내에서 6.5%로 대체자금 1년간 지원, 정책자금 4,280억원(98~99연기 분) 1년간 상환연기, 2000년 상환도래자금 4,200억 원 1년간 상환 연기, 경영개선자금 1조8천억원(6.5%, 2년 거치 3년 분할상환), 연대보증부농업자금 농신보 보증대체(3조4천억원) 등의 대책을 보완하였다.

    – 민주노동당〈이론과 실천〉2001년 4월 창간준비 1호 장상환

    그리고 2000년 3월 연체자 지원대책 발표가 있었으나 제대로 집행되지 않았다. 실제로 연체가 있는 농민이 경영평가위원회에서 탈락되어 농업경영개선자금을 받지 못한 경우도 있으며 절차가 복잡하고 농민들에게 제대로 홍보되지 않아 신청이 저조한 문제가 발생했다. 정부의 5차례에 걸친 대책과 연체자 지원대책은 단지 부채문제를 연기하는 수준이며, 농가부채를 완전히 해결하기에는 턱없이 부족하며 농민 간의 불신만 초래하였다. [표13]

    1980년대 후반 이후 농가부채대책이 적어도 14차례에 걸쳐 추진되었고 2000년 이후에는 거의 매년 부채대책이 시행되었으나 최근 부채대책이 다시 농정의 현안으로 떠오르고 있다. 이제까지 부채대책은 부채농가에 상환연기, 이자율 인하, 저리대체자금 지원 등의 혜택을 주어 당장의 부담에서 벗어나게 하는 것을 골자로 하였다. 따라서 일부 농가는 단순히 부채가 많

시행시기	대책명	주요내용				
		금리인하	상환연기	저리자금대체지원	저리자금신규지원	연대보증해소지원
1986. 3.	농어촌종합대책	●				
1987. 3.	농어가부채경감대책	●	●	●		
1987. 12.	농어촌경제활성화종합대책	●	●			
1989. 4.	농어촌발전종합대책	●	●			
1989. 12.	농어촌부채경감특별조치		●			
1998. 11.	부채경감대책		●			
1998. 11.	부채경감대책	●				
1999. 3.	부채경감대책	●			●	
2000.	농가부채경감조치		●	●	●	●
2002. 1.	농어업인 부채경감에 관한 특별조치법		●	●		●
2002. 12.	동법개정	●	●			
2003. 5.	동법개정	●	●			
2004. 3.	동법개정	●	●	●	●	
2005. 12.	동법개정			●		

[표13] 1980년대 이후 농가부채 대책

다는 이유 때문에 지원을 많이 받아 도덕적 해이가 늘어난 반면, 정작 상환 능력을 상실하여 곤경에 처한 농가의 문제는 해결되지 못해 부채대책이 반복될 수밖에 없었다.

– 〈GS&J 인스티튜트 시선집중〉 제57호 함정에 빠진 농가부채대책
  2008. 4. 10. 김두년 이정환

정부의 잘못된 대응책은 세금만 축내고 농어업구조개선사업은 성과도 없이 농민들은 빚에 내몰리는 상황을 맞이한 것이다. 김대중 정부의 농가부채 탕감공약은 당시 가장 시급한 농촌문제였고 당연히 대선공약이 되었다. 그러나 농가부채 규모에 훨씬 미치지 못하는 예산으로 찔끔대며 정책을 시행한 결과는 농민들의 분노만 키우게 되었다.

김대중 정부는 농정기조를 근본적으로 전환해야 한다는 요구를 받았다. 그러나 초국적 자본과 국내 독점자본의 이익을 옹호하는 종속적 신자유주의 경제정책노선을 채택한 김대중 정부로서는 그러한 전환을 할 수 없었을 것이다. 결국 농가부채문제는 그 고리를 끊기는커녕 이후 정부인 참여정부로 이어지고 현재도 진행형일 수밖에 없는 함정에 빠진 구조가 되어 버렸다.

친환경 농업 축소를 둘러싼 음모들

살해당하고 있는 농업의 지속가능성

기나긴 농사의 역사에서 '농약'이라는 화학물질이 사용되기 시작한 건 최근의 일이다. 농약은 인류가 농사를 시작하면서부터 작물을 병해충으로부터 보호하기 위해 시도했던 단순한 물질에서 비롯됐다. 그렇게 따지면, 화학 물질이 아닌 '농약' 그 자체는 오래전부터 있어 왔다고 할 수 있다.

우리 민족은 과거부터 농사에 재를 많이 사용했는데 이는 비료로서의 역할과 함께 농약의 역할도 했다. 1850년대 이전까지는 주로 재, 유황증기, 청산가스, 담뱃잎 추출물, 비누 등을 경험적으로 사용했다. 19세기 후반엔 살충효과가 있는 '피레트린'이라는 물질이 함유된 제충국除蟲菊, 즉 벌레를 제거하는 국화다. 국화과 식물이라서 꽃은 다른 국화 종류와 비슷하지만, 잎은 가늘게 갈라져 있는 모습이 얼핏 코스모스 비슷하다을 이용하여 벌레를 쫓는 데 사용했다. 그밖에 석회유황합제, 보르도액, 비산납, 석유유제 등의 무기합성 농약을 사용했다. 오늘날의 석유화학적 유기합성농약들은 1930년대 후반부터 본격적으로 사용되기 시작했다.

이 농약들은 살충력이 강력하여 벌레를 잡는데 획기적 효과를 가져왔다. 사실 이 농약들은 전쟁을 통해 사람을 죽이기 위한 독극물로 개발된 것들이 었다. 이런 농약들은 중독에 의한 사망사고나 잔류농약으로 인한 병 발생 등으로 사용 및 제조가 금지되었다. 우리가 알고 있는 DDT는 강력한 살충력이 있어 농가에서 사용했지만, 발암물질로 알려져 금지된 대표적 농약이다.

[그림4]

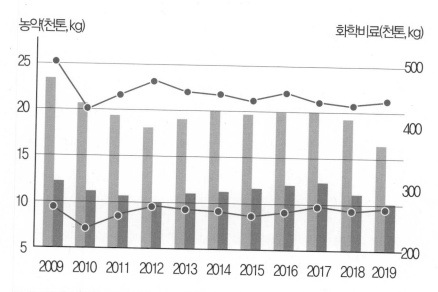

[그림4] 농약 및 화학비료 사용량
ⓒ농림축산식품부 농기자재정책팀, 한국작물보호협회, 한국비료협회 자료

우리 농업에서 농약사용이 크게 증가한 것은 식량자급과 관련이 깊다. 증산이 가능한 대부분의 통일계 벼가 도열병벼도열병은 여름의 저온, 다우 등 이상기상 시 자주 발생하며, 벼가 자라는 기간 내내 벼의 각 기관에서 발생한다이나 멸구충매미목 멸구과의 한 종. '갈색멸구'라고도 한다. 벼의 극심한 해충이다. 아시아와 오세아니아가 원산지이다. 벼를 주 먹이로 삼는다. 크기는 0.33~0.5cm 정도이다에 약하다 보니 농약을 무한정으로 뿌려댄 것으로 보인다. 벼농사 1년 동안 5~6번은 기본으로 살포했던 기억이 있다. 논에서 농약을 살포하다 중독사고가 나는 것은 비일비재한 일이었다.

1980년대에는 본격적인 상업농시대로 접어들면서 농약 사용량은 물론 비료 사용량도 대폭 늘어난다. 국민들의 소득 증가로 야채의 소비량이 많아지고, 도매시장의 현대화와 활성화로 농산물의 품질경쟁이 본격화되며 농약과 비료의 사용량이 늘어난 것이다. 이런 사정은 1990년대 개방농정을 극대화시켜 버렸다. 비료와 농약을 투입하고 각종 부가적 농업자료를 투하하며 좋은 품질의 농산품이라야만 살아남는다는 강박이 농민들에게 자리하기 시작했다. 이를 일러 일부 농학자들은 '수탈식 농법' 또는 '약탈식 농법'이라고 불렀다.

1997년 국민의 정부가 들어서자 김성훈 당시 농림부 장관중앙대 명예교수은 친환경농업인증제도를 만들어 냈다. 그동안 농산물 품질인증제도를 손 본 것인데 유기농산물뿐 아니라 농약과 비료를 절반으로 투여한 '저농약농산물

농사의 종말

인증'과 '무농약 인증' 그리고 '전환기 농산물 인증'으로 확대한 것이었다. 이는 기존의 유기농업 철학을 무시한 처사라고 해서 유기농을 하는 농민들로부터 많은 비난을 받아왔지만, 폐지되기까지 약 20년간 지속되며 생태적 안정이라는 가치를 농업에 심어주는 계기가 되었다.

그러나 이 제도는 외국의 기준과 동떨어져 농산물의 교역이 늘어나는 상황에 맞추기 어렵고, 국제인증과 부합하지 않는다는 이유로 폐지되고 말았다. 물론 국제유기농인증과 다르기 때문에 그것에 부합하는 일관된 제도는 필요하다. 그러나 기왕에 농민들에게 심어진 생태환경의 인식을 확장하고 저농약이나 무농약인증이 유기농으로 전환하도록 하는 경과조치를 제시하지 못했다는 점에서 비판받아야 한다. 특히 이 제도의 대안으로 제시한 GAP를 보면 그 배후에 농업자본이 자리하고 있다는 비판을 피하기 어렵다.

2016년 기준 우리나라 농약 사용량은 세계 최고 수준이다. 중국이 1ha 당 17.8kg, 그다음 우리나라가 11.8kg인 반면 독일, 프랑스, 미국은 2kg대다. 많이 쓴다는 프랑스도 3.7kg에 불과하다. 통계만 봐도 우리 농업이 얼마나 농약에 의존하는지를 알 수 있다. [그림5]

이렇게 농약과 비료에 의존하는 수탈적 농업은 지속가능하지 않다. 그뿐 아니라 기후위기와 국민건강이란 측면에서도 반성이 필요하다. 생태적으로 안정된 농업으로 가는 방법을 모색해야 할 시기인 것이다. 그러나 정부는 그렇게 하지 않았다. 정부는 친환경 저농약인증을 폐지하고 무농약인증과 유기

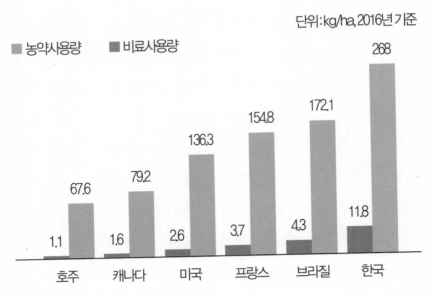

단위 : kg/ha, 2016년 기준

■ 농약사용량 ■ 비료사용량

268

172.1

154.8

136.3

79.2

67.6

1.1   1.6   2.6   3.7   4.3   11.8

호주   캐나다   미국   프랑스   브라질   한국

[그림5] 국가별 농약 및 비료 사용 ©농촌경제연구원

인증만을 존치시켰다. 결국 수많은 저농약인증 농가들은 관행농으로 돌아가고 일부는 GAP로 전환했다. GAP는 'Good Agricultural Practices'의 약자로 직역하면 '좋은 농업 실천'이라고 해석되는데 GAP 인증기관인 국립농산물품질관리원에서는 '농산물우수관리제도'라고 불러 소비자에게 오해를 일으키도록 하고 있다. 농산물의 생산에서 판매에 이르기까지 모든 과정에서 안전 관리체계를 구축해 소비자에게 안전한 농산물을 공급하기 위해서라지만 서구에서의 GAP는 일반농산물, 정상적인 농산물이란 의미가 강하다.

GAP 인증 제도는 일부 채소·과일에서 농약이 과다 검출되고, 김치 기생충 알 사건, 학교급식 사건 등으로 국민적 우려가 높아지고 있는 상황에서 국내 농산물에 대한 안전성 강화 필요성과 함께 도입됐다. 또 국제적으로도 안전 농산물 공급 필요성을 인식하여 Codex FAO 등 국제기구에서 지속 가능한 농업 추진 및 안전성 강화를 위하여 GAP 기준을 제시한 것이다.

유럽, 미국, 칠레, 일본, 중국 등 주요 국가가 GAP제도를 현재 시행 중이며 이에 따라, 우리나라도 농산물 안전성 강화를 위하여 GAP제도를 2006년부터 본격 시행하고 있다. GAP 인증 제도 목적은 생산단계에서 판매단계까지의 농산식품 안전관리체계를 구축하여 소비자에게 안전한 농산물을 공급하는 것이다. 농산물의 안전성 확보를 통한 국내 소비자 신뢰 제고 및 국제시장에서 우리 농산물의 경쟁력을 강화하고 저투입 지속 가능한 농업을 통한 농업환경 보호를 목표하고 있다. 우리에게 잘 알려진 식품안전관리인증기준 HaCCP, 해썹은 생물학적·화학적·물리적 위해 요소로부터 농식품의 안전성을 확보하는 것으로 식약청에서 관리하고 GAP는 농산물 인증제도로 국립농산물 품질관리원에서 관리하는 것이 다르다.

GAP 인증은 소비자들의 건강에 문제가 없도록 안전성이 확보된 농산물을 제공하기 위한 것이고 HaCCP 인증은 환경친화적인 형태로 가공한 농산물, 즉 식품을 제공하기 위함이다. 따라서 HaCCP 인증은 유기합성농약의 사용을 일절 허용하지 않지만 GAP 인증은 건강에 유해하지 않은 범위에서 일정 수준 이하의 농약 사용을 허용한다.

- 농산물 품질관리원

GAP는 농약사용 제한이 없다. 제초제까지 사용해도 문제가 없는 제도다. 재배의 과정은 문제가 되지 않는다. 결과물이 농산식품으로서 안전한가 즉 생물학적 안전성과 잔류농약 등의 화학적 안정성이 허용범위 내에 있는지만 확인한다. 거기다가 GMO 작물까지 GAP범주 안에 포함되어있다.

이렇게 되면 우리나라는 농약과 비료 천국이 될 것이다. 지속가능한 농업은 우리에게 구호에 불과한 것이 되었다. 기후위기에 농업의 역할을 강화해도 모자라는데 우리는 거꾸로 가고 있는 것이다. 이명박 정부의 농업정책은 결정타였다. 농업의 경쟁력을 강화해야 한다는 믿음은 4대 강 보를 만드는 믿음과 동일했다. 이는 거대 다국적 농산복합체 농산물의 생산, 저장, 가공, 유통을 장악하고 그 과정에 소요되는 종자, 농약, 비료, 선박, 터미널 등의 관련 산업을 통괄하는 다국적 기업들을 말한다. 대표적으로 몬산토가 있다 등 농업자본 세력의 끊임없는 간섭이 만들어낸 결과이다. 농산복합체세력이 키워온 정·관·학계의 수많은 장학생들에 의해 농산복합체 세력의 잉여에 손을 들어준 결과이다.

이들은 농업의 미래를 움켜쥐고 끊임없이 자본의 잉여를 도와주고 자신들의 뒷배를 채워주는 관계로 자리 잡아왔다. 실례로 2013년 GAP 인증을 준비

농사의 종말

하면서 학교급식에 GAP 인증 여부를 논의하는 자리를 만들었다. 이 자리에서 농식품부 담당 간부는 "농약은 과학이다"라고 말했다. 이는 농약은 안전하다는 말로 읽힌다. 그러므로 아이들의 급식에 GAP 인증품을 공급해도 문제가 없다는 설명인 것이다. 이 발언은 친환경농업을 만들어가는 농민들에겐 충격이었다. 연일 성명을 내며 반대했지만 정부는 꿈쩍도 하지 않았다.

2019년 현재 전체 농가 대비 GAP 인증농가는 약 10%에 이른다. 저농약농산물을 생산하는 것에 비해 그 난이도가 높지 않기에 쉽게 확산된 것으로 보인다. 제초제를 사용하고 농약을 수확 당일까지 뿌려도 잔류허용기준치 이내면 통과하는 GAP 인증은 농사를 친환경적으로 지을 수 있는 성질의 것이 아니었다. [그림6]

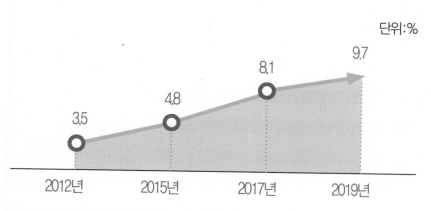

[그림6] GAP 인증률 추이, 전체 농가 대비 인증 농가 비율 ⓒ국립농산물품질관리원

'농피아'라는 말이 있다. 이는 마피아처럼 몰래 움직이며 자본적 농업을 대변하고 농업자본에 기생하는 정·관·학계의 사람들을 일컫는 말이다. 우리가 생각하는 농업자본은 몬산토 같은 농산복합체와 곡물 메이저들 그리고 플랜트농업, 스마트농업을 통한 농작물 생산회사, 종자회사, 농약회사들이다. 이들은 끊임없이 농민들의 등골을 빨아내고 세계 각처를 돌며 환경을 파괴하며 지구 온도를 상승하게 한다. 그 대가는 기업의 이윤으로 떨어진다. 그들은 정, 관, 학계에 그들의 장학생 즉 농피아들과 회합하고 교류하며 그들이 활동할 수 있도록 도와주는 공생의 관계를 유지해왔다.

몇 가지 예를 들어보자 2010년 농촌진흥청장을 맡은 민승규는 삼성경제연구원 출신이다. 그는 2011년 3월 생명공학작물 국제현황 보고회를 서울 플라자호텔에서 열고, GMO에 관한 비영리단체인 '농업생명공학 응용을 위한 국제서비스ISAAA'의 클라이브 제임스Clive James 회장을 초대해 강연을 갖는 등 GM작물의 호용성에 대해 분위기 조성했다. 물론 그 자리에는 몬산토, 신젠타의 한국법인들과 GMO홍보대사격인 사람들로 채워졌다.

2015년 이양호 농진청장은 5월 20일부터 농촌진흥청에서 차세대바이오그린21 성과보고회를 대학, 연구소, 산업체 등 관계자 700여 명이 참석한 가운데 개최했지만 소비자나 농민 생산자는 없었다고 한다. 차세대바이오그린21 사업은 생명공학 연구개발을 통해 우리나라 농축산업의 국제 기술경쟁력과 미래가치를 확보하기 위한 산학연관 협력 국책사업으로 농업생명공학 국제

경쟁력 강화가 목표이다.

왜 그랬을까? 그것은 농업생명공학 국제경쟁력 강화라는 목표가 바로 GMO연구개발 사업이 주였기 때문으로 분석한다. 차세대 바이오그린21 사업계획 어디를 찾아보아도 GM작물개발에 대한 정보는 찾을 수 없다. 농진청이 연구를 계속하고 성과를 갖고 있음에도 이를 밝히는 것을 매우 꺼려하고 있었다. 이를 뒷받침하는 것이 최규성 새정치민주연합의원(전북 김제·완주)이 2015년 2월 5일 국회에서 주최한 '대한민국 농업혁신포럼'이었다. 여기서 박수철 농진청 GM작물실용화 사업단장은 "안전성 심사는 기술개발 성과를 알아보기 위한 것"이라며 "GM작물의 안전성에 대한 공감대가 형성되지 않는 한 무리하게 실용화를 추진하지는 않겠다"고 한발 물러선 발언을 했다. 1차 사업에 2,700여억원의 예산이 투입된 차세대바이오그린21사업의 목적과는 배치되는 입장이다. 특히 당초 GM작물 개발에만 한 해 예산을 60억 원에서 95억 원으로 증액한 배경과도 어울리지 않는다. 다분히 정치적 발언이라고 볼 수밖에 없었다.

고려대 명예교수인 이철호 한국식량안보연구재단 이사장은 "생명공학기술로 만든 다수확·기능성 품종을 재배해 기후변화와 인구 급증으로 인한 식량위기에 대응하고 농가 소득도 높여야 한다"며 "국내 농업 발전을 위해 GM작물의 실용화가 필요하다"고 주장했다. "GM작물은 이미 전 세계 콩 재배면적의 73%, 옥수수 재배면적의 23%를 차지하고 있다"면서 "우리나라도 농촌진흥청 등이 GM 종자를 개발해 놓고 있지만 시민단체 등의 반대로 실용화는 못하고 있는 실정"이라고 덧붙였다. 한국식량안보연구재단은 우리나라 거대 곡물 수입상들인 대상, 씨제이 등이 회원으로 등록돼 있다.

우리 주변에 농피아들은 수도 없이 많다. 이들이 주도해가는 생명과학으로서의 농업은 자본의 잉여를 극대화하는 것으로 종결된다. 신자본주의에 고립된 사람들과 대부분의 농사를 짓는 농민은 그들이 만들어내는 환상적인 미래를 아주 당연하고 올바른 입장이라고 두둔하고 거기에 편승하려고 부나방처럼 덤벼들고 있다. 그리고 그 결과물이 GAP다. 저농약 인증을 완전 중단하고 2016년부터 GAP농산물로 전환해야 한다고 입을 모으고 실행에 들어갔다. "농약은 과학이다"란 말을 농진청이 할 수 있는 것인가. 농약 친 농산물이 몸에 좋다는 말도 안되는 억지를 소비자들에게 강요하는 농진청이고 보면 존재 의미가 의심스럽지 않은가. 다시 한번 말하지만 GAP는 농약은 물론이고 제초제와 GMO를 허용하고 있다는 사실을 숨기고 '좋은Good'을 '우수'로 둔갑시켜 '농산물우수관리인증'이라고 현혹하는 잔꾀를 부린 것이다.

그 결과 친환경농산물 재배 인증은 해마다 줄고 있다. 정부는 당초 친환경 재배 비율을 늘려가겠다고 했지만 현실은 목표치를 크게 밑도는 것으로 나타나고 있다. 지난해 농림축산식품부가 제출한 국정감사 자료에 따르면 2019년 친환경인증 농가 수는 58,055곳으로 2016년보다 3,891곳 감소한 것으로 나타났다. 친환경 인증면적은 8만1,717ha로 같은 기간 2,238ha 줄었다.

2019년 기준, 친환경 인증 재배면적은 전체의 4.9%에 불과했고, 인증 부적합률은 4.2%에 달했다. 그만큼 친환경 농업 환경은 자본에 의해 침해당하고 소멸돼가고 있는 것이다. 이는 지속가능한 농업을 주창한 문재인 정부의 과오이기도 하다. 친환경 농업은 살해당하고 있다.

백색혁명 무엇을 남겼는가?

지연 생태계와 환경 보전 교란하는 비닐하우스

옛 농촌과 지금의 농촌에 가장 큰 차이가 있다면 비닐하우스다. 도시를 벗어난 교외 지역에 주로 많았던 비닐하우스가 지금은 철원지역 산골에서부터 땅끝 해남까지 없는 데가 없을 정도로 많아졌다. 그 때문에 소비자들은 사시사철 신선한 채소와 과일을 먹을 수 있게 되었다. 철없는 과일은 소비자들의 다양해진 입맛을 자극했고, 농민들은 너도나도 비닐하우스 농사에 뛰어들었다.

해방 후 한국 농업사에서 손꼽히는 기술혁신 두 가지 있는데, 바로 1970년대 '녹색혁명'과 1980년대 '백색혁명'이다. 인민 대다수가 굶주리던 시절 다수확 통일벼를 개발하여 절대빈곤을 해결한 것이 '녹색혁명'이고, 기후조건을 극복하여 연중 작물 생산을 가능케 한 비닐하우스 기술개발을 '백색혁명'이라고 한다. 온통 들판을 하얗게 물들였다고 붙여진 이름이다.

우리나라 온실의 시작은 조선시대 궁중에서 관상식물 월동용으로 사용한 것이다. 이때는 아궁이에 불을 지피는 방식으로 온도를 높이고 창호지에 기

농사의 종말

름을 발라 채광을 했다고 한다. 그러다가 1920년대 들어 일본인들의 채소 수요에 의해 창틀에 반지(伴紙, 화선지 일종)를 바르고 기름을 발라 사용했다. 갈탄 난로로 온도를 높였다. 이런 형태의 농업은 도시근교에서 이뤄졌다. 필자의 고향인 서울 서초 압구정동 현대백화점 자리에 1963년까지도 그 시설의 일부가 남아있었다.

그러던 것이 1950년대 플라스틱 필름이 도입되기 시작했으며, 1960년대 현재 LG화학의 전신인 락희상사가 플라스틱 필름을 생산 보급하면서 발전했다. 당시는 하우스보다 촉성재배라 하여 소형 터널 형태의 재배가 주를 이루었다. 1970년대 들어 도시인구 증가로 신선채소에 대한 수요가 증가하여 도시 근교에서 비닐하우스를 통한 생산이 이를 감당했다. 1980년대 국민경제의 성장으로 식생활에 대한 관심이 더해 신선 채소의 수요가 급증했다. 1990년대부터 현대식 원예시설이 도입되기 시작했고 이때부터 원예시설에 대한 투자가 이루어지기 시작했다.

이는 쌀시장 개방 압력 속에 정부의 쌀값 폭락 정책으로 빚어진 결과였다. 같은 단위면적당 쌀농사보다 월등히 많은 수익을 내는 비닐하우스 채소작물은 농민들을 비닐하우스 농사로 뛰어들게 했다. 이 때문에 정부는 시장개방에 대응한 경쟁력 제고 정책을 추진했는데, 첨단기술농업과 수출농업을 우리 농업이 나아가야 할 방향으로 인식했다. 특히 시설원예농업을 전략산업으로 육성하는 정책을 추진했다. 농민들은 이 정책을 '쉰농정'이라고 비아냥댔다.

1970년에 736ha였던 비닐하우스 면적은 1980년 10년 만에 7,322ha로 10배나 늘었다. 1980년대 중반부터는 비닐하우스 골조가 목·죽재에서 아연도금 파이프로 대체되고 비닐하우스 측면개폐기와 반자동개폐기가 보급되면서 노동력 절감과 함께 생산 규모가 확대되었다. 또한 관수물주기와 시비비료주기가 동시에 이뤄지는 '간이 관비재배기술'이 도입되어 작물 생산성을 크게 높여 비닐하우스 면적을 1990년 현재 25,450ha 수준에 이르게했다.

– 대한민국 정책브리핑

이 시기에는 도시 근교를 벗어나 한 지역이 특화된 작목을 중심으로 집단화되어갔다. 김해 대동면의 화훼단지가 낙동강변에 집중되었는가 하면 구례 오이, 함안 수박, 성주 참외, 평택 애호박, 구리 토마토, 논산 딸기, 추부 깻잎 등과 같이 전국에 시설채소재배 바람이 분 것이다. 그러다 보니 유리온실까지 보급되기 시작했는데 유리온실이 철원지방까지 무턱대고 보조금을 주어 설치하게 했으나 기름으로 보온을 해야 하기에 겨울철 농사가 불가능했다. 다른 지역도 마찬가지로 유리온실은 여러 가지 이유로 실패한 측면이 있다. 유리온실은 스마트팜 같은 비토양기반 농업에나 필요한 시설이었다. 이렇게 확장된 시설하우스 면적은 2014년 기준 54,168ha에 이른다. 이는 2020년 논 면적 82만 4,000ha의 15.2%에 달한다.

농사의 종말

전남 구례 시설하우스 단지. ⓒ한도숙

   정부의 개방농정정책과 농민들의 생존의식이 합쳐져 이런 현상이 벌어진 것이다. 시설 하우스농사로 농민들은 수지를 맞출 수 있었고 소비자들은 신선한 채소와 과일을 먹을 수 있었다. 농업기술자들은 백색혁명이라고 자부심이 대단하지만, 이는 우리 농업이 지속가능하지 못한 방향으로 향해가고 있다는 사실을 간과한 것이기도 하다. [표14]

   이는 크게 두 가지 문제를 맞닥뜨릴 수밖에 없다. 하나는 에너지 문제이다. 현재 시설 하우스의 난방은 모두 석유에 의존하고 있다. 풋고추, 오이, 토마토, 딸기들이 겨울에 철없이 생산되는데 비판자들은 이를 두고 '석유풋고추', '석유딸기'라고 한다. 그만큼 생산물의 투입재 중 석유의 비중이 높기 때문이

연도	시설설치면적	재배면적			시설이용률(%)
		합계	채소	화훼	
1990	25,450	37,746	35,994	1,752	148.3
1995	43,131	84,658	81,604	3,054	196.3
2000	52,189	96,963	90,627	3,336	180.0
2005	52,022	81,917	78,469	3,448	157.5
2010	51,830	69,376	66,382	2,994	133.9
2011	52,393	71,466	68,610	2,856	136.4
2012	53,126	65,583	62,908	2,675	123.4
2013	53,611	62,779	60,226	2,553	117.1
2014	54,168	66,196	63,815	2,381	122.2

[표14] 시설채소 온실현황 및 채소류생산실적 화훼재배현황 ⓒ농림축산식품부

다. 석탄은 효율이 낮아 사용하고 있지 않지만, 대부분 석유나 벙커유를 쓴다. 현재 정부가 면세유 공급을 하고 있기에 소비자가 싼값에 신선농산물을 먹고 있다고 볼 수 있다. 그런데도 국회에서는 면세유 제도를 폐지해야 한다고 벼르는 상태다. 이는 농민들이 도덕적으로 해이하고 형평성에도 맞지 않는다는 논리이다. 면세유의 대부분도 농기계보다. 시설농업에 쓰이는 것이 훨씬 많

농사의 종말

다. [표15]

단위:ha

재배면적	1980	1990	2000	2009
채소류(a)	377,142	316,604	386,391	262,994
시설재배(b)	17,890	39,994	90,627	74,140
시설온실(c)	7,141	23,698	48,853	50,024
b/a(%)	4.7	12.6	23.5	28.2
c/b(%)	39.9	59.3	53.9	67.5
c/a(%)	1.9	7.5	12.6	19.0

[표15] 채소류 재배면적 ©농촌진흥청

시설채소 현황을 보면 2009년 현재 전체 채소류 생산대비 시설 온실재배가 19%에 달하고 있다. 노지재배를 주로 하는 무, 배추 등을 제외하면 거의 모든 엽과채류가 시설 온실에서 재배되는 셈이다. 이는 엽과채류의 석유화학비중이 상당하다는 의미로 생산액의 절대 비중이 비닐과 에너지 비용이라 보면 된다. [표16]

표에서 보는 것과 같이 시설감귤과 시설 포도는 절반을 넘거나 절반에 육박하고 오이, 고추, 토마토의 경우 30%를 넘는다. 이렇게 에너지와 자재를 석유

구분		경영비(A)	난방비(B)	B/A(%)
과수	시설감귤	16,640	10,619	64.6
	시설포도	5,025	1,887	37.6
채소	촉성오이	15,224	5,043	33.1
	착색단고추	25,434	8,323	32.7
	촉성토마토	15,684	4,444	28.3
화훼	국화	10,017	2,551	25.5
	장미	20,971	8,823	42.1

[표16] 시설 재배 난방비 비율 ⓒ농촌진흥청

화학에 의지하고 있다는 것은 지속가능하지 않다. 2021년 9월 현재 유류값이 폭등하는 상황에서 가온하우스 생산물의 가격불안정은 계속될 수밖에 없다.

세계는 2050년 탄소제로로 가기 위해 CO_2 감축 목표를 설정하고 실천을 고민 중이다. 이 가운데 농축산 부문은 2018년 2,470만 톤에서 2030년까지 1,830만 톤25.4%으로 감축해야 한다. 그 후 2050년까지 70%를 감축해야 한다. 이런 목표치를 달성한다는 것은 농업계에서 쉽지 않은 일이다. 당장 대안이 별로 없는 상황이라는 것이다. 문재인 대통령은 가온加溫 하우스에 전기

농사의 종말

보일러를 사용하라고 하지만 초기 비용과 전기료의 급등 등 여러 요인이 발목을 잡을 수밖에 없는 상황이다.

그럼에도 불구하고 농진청은 기후변화로 발생하는 재배상의 문제를 열대 농작물로 전환하는데 초점을 맞추고 있어 시설재배가 대폭 확장되는 거꾸로 가는 정책을 농민들에게 권하고 있다. 이미 자료에서 든 것처럼 시설포도나 시설감귤에 들어가는 에너지 비용을 보더라도 이들이 탄소배출량이 많다는 사실을 간과하는 듯하다.

농촌진흥청 난지작물연구소는 아열대작물을 농가소득작목으로 추천하고 있으며 전라북도농업기술원은 '얌빈(콩과의 덩굴식물. 멕시코·라틴아메리카가 원산지이며, 식용의 덩이뿌리를 얻기 위해 재배하고 있다)'의 지역 현지 재배 가능성을 검토하고 있으며, 충청남도농업기술원은 '파파야', 충청북도 농업기술원의 '차요테(박과에 속하는 채소. 원산지는 멕시코이다. 열매를 먹는다)', 그리고 강원도농업기술원은 '루바브(여뀌과에 속한다 학명은 Rheum rhabarbarum L.이다. 천연 향신료로 쓰인다)'의 지역 재배 가능성에 대한 연구사업에 집중하고 있다. 물론 이것들은 시설원예로 비닐과 에너지를 투입해야 한다.

아열대작물은 이미 육지로 상륙하여 2010년 제주· 전남· 경남 등 날씨가 따뜻한 지역에서 재배되는 게 일반적이었다. 최근에도 이들 지역의 재배 비중이 높기는 하지만, 2020년 전국적으로 재배가 확산되는 추세다. 망고는 2009년 29만1805㎡(88,271평)에서 올해 39만7675㎡(120,296평)로 늘었다. 젊은 층을 중심으로 망고 소비가 빠르게 늘어난 것이 재배 증가의 요인으로 꼽힌다. 야자는 2009년 9만8898㎡(29,916평)에서 올해 15만3458㎡(46,421평)로 재배면적이 커졌다. 관상용 재배가 늘어난 것이 요인으로 분석된다. 구아바는 경기지역 재배 비중이 47.7%로 가장 높고, 제주 21.4%, 충북 11.2%, 특·광역시 6.6% 순이다. 열대채소인 오크라의 재배 비중은 특·광역시 35%, 경남 25.7%, 경북 22.9%, 충남 10.7% 등이다. 패션프루트는 충북이 44%로 재배 비중이 가장 높고, 전북 28.4%, 전남 18.7%, 제주 8.9% 순이다. 파파야는 제주가 47.1%로 재배 비중이 가장 높지만 전남 22.8%, 경북 18.5% 등 타 지역 재배가 만만찮다.

– 〈농민신문〉 2015. 12. 11.

안성지역에서도 바나나 농사를 짓기 시작했다는 보도를 봤다. 겨울철에도 바나나가 매달려있는 모습을 보면서 에너지를 과다 사용해야 하는 상황에서 저렇게까지 바나나를 생산하는 것이 농가 개인이나 사회적으로 무슨 의미를 가질 것인지 의문이 남을 뿐이다. 탄소제로로 가야 하는 상황에서 에너지 과다사용을 조장하고 있다는 생각이 깊을 뿐이다.

하우스 농사의 또 다른 문제는 바로 비닐이다. 농촌의 폐기물 중 양적으로

농사의 종말

가장 큰 비중을 차지한다. 적어도 3년에 한번꼴로 비닐을 바꿔야 하는데 이 폐비닐의 처리가 원활하지 않다. 농촌의 비닐은 대체로 피복용 비닐과 하우스용 비닐로 나뉘는데 제대로 수거되지 못하고 있어 문제가 심각하다.

게다가 시설하우스의 90%가 사용 연수 15년을 초과해 노후화가 진행 중이다. 또 전체 원예시설에서 단동 비닐하우스가 차지하는 비중은 2000년 대비 6.9% 증가했지만, 연동 비닐하우스의 비중은 2.8% 감소했다. 게다가 시설채소 비닐하우스 47,505ha 중 내재해형 규격시설은 약 45%로 국내 비닐하우스의 절반 정도가 기상이변에 따른 잠재적 위험에 노출돼 있다.

이는 모두가 농촌환경을 해치며 탄소제로 정책에 부하로 작용하고 있다. 폐비닐로 대표되는 영농폐기물의 수거·재활용 문제는 환경오염 방지는 물론, 안전성 제고, 농촌경관의 보전, 자원순환사회 구축 등 사회경제적으로도 의미가 큰 사안임에도 연간 영농 폐비닐 발생량의 약 19%에 달하는 6만 톤이 매립 혹은 불법 소각되고 있는 것으로 추산되고 있다. [그림6]

2018년 영농 폐비닐 발생량은 318,775톤으로 2017년 314,475톤보다 1.4%가 증가했다. 2018년 기준 영농 폐비닐 중 멀칭용 LDPE(Low Density Polyethylene, 저밀도 폴리에티렌, 광학적 특징이 있고 유연성이 좋아 농업용 필름으로 사용)가 약 40%, HDPE(High Density Polyethylene, 고밀도 폴리에틸렌, 불투명하며 딱딱한 특성이 있어 배관용으로 사용)가 35.4%를 차

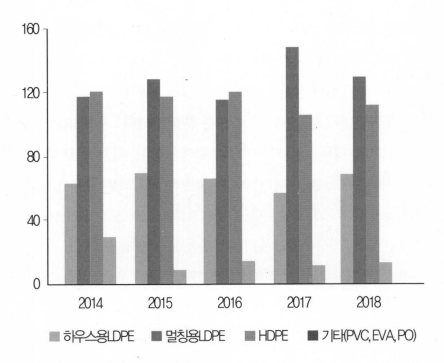

[그림6] 비닐하우스 폐비닐 관련 통계 ⓒ한국환경공단

LDPE(저밀도 폴리에틸렌), HDPE(고밀도 폴리에틸렌), PVC(폴리염화비닐), EVA(에틸렌-아세 트산비닐수지), PD(폴리올레핀), 영농폐비닐 발생량(=순수비닐발생량/순수수지함유율)은 추 정치임(이때 순수비닐발생량은 영농비닐사용량에서 재사용량과계속사용량을 뺀 수치임))

지하는 등 전체 폐비닐 중 75.4%가 피복용 비닐이다. 이 중 한국환경공단에 의한 수거량은 약 19만 5천 톤으로 전년 대비 1.8% 감소하여, 민간 수거량 을 감안하더라도 상당량의 영농폐비닐이 수거·재활용되지 못한 것으로 추 정되고 있다.

농사의 종말

- 국회입법조사처, 영농폐비닐 배출현황과 시사점 2020. 10. 26.

백색혁명으로 혹한의 추운 겨울에도 소비자는 신선한 채소를 즐길 수 있게 됐다. 농업 생산성도 크게 향상되어 오늘날 억대 부농들을 속속 출현시키는 데 기여했다고 할 수 있다. 하지만 지속가능하지 않다는 취약점을 가지고 있는 것이 분명하다. 특히 2050년의 탄소중립정책으로 인해 탄소중립인증 농산물이 등장하고 외국과의 교역에서 탄소관세가 붙는 경우를 예측한다면 당장 대안을 마련해야 하는 상황을 직면하고 있다.

농업을 녹색산업이라고 한다. 생명체를 생산해 내는 산업이기 때문에 그 산물은 곧 자연이고 환경이고 생태계를 만들어 낸다. 그러니 농업이 녹색산업이며 그것은 변할 수 없는 가치가 될 것이다.

그런데 비닐하우스 영농방식이 도입된 이후 한국 농업은 온통 백색으로 변해 버렸다. 전국 어디를 가더라도 우리의 농토, 우리의 국토는 숨 막히는 백색 비닐하우스로 덮여있다. 초기에는 대도시 근교의 원예작물 생산을 위해 시작된 비닐하우스 농업이 지금은 전국의 농경지 곳곳으로 빠르게 확산된 것이다. 아열대 작목을 농가소득 작물로 장려하는 것이 추세라면 비닐하우스 농사는 더욱 확장될 것이다. 정밀 농업을 말하는 사람들에 의해 벼농사도 비닐하우스로 농사짓는 날이 올지도 모른다.

농업이 지속가능하도록 하기 위해 우리는 생명과 환경을 비롯한 다원적 기능, 그리고 가치를 주장했다. 특히 코로나19 이후 농업이 가지는 지속가능한 사회의 대안으로 그 중심이 농업으로 옮겨가야 한다는 주장이 설득력을 얻어가는 추세이다. 그러나 우리 농업이 과연 지금의 상태처럼 온 땅이 비닐로 뒤덮인 농업·농촌에서 어떻게 생물 다양성이 유지되고 자연 생태계와 환경을 보전할 수 있을 것인가? 그런 곳에서 어떻게 수자원이 보존되며, 어떻게 우리 고유의 전통 농경문화가 계승되고 도시민들에게 휴식공간을 제공할 수 있을 것인가?

백색혁명은 우리나라 농업이 소득이라는 가치만을 바라보며 달려온 결과라 생각한다. 개방농정과 살농정책의 폐해임에도 그 방향으로 나가는 것을 멈추지 못하고 있다. 농촌의 다양성, 환경, 문화, 전통성이 거세되는 기폭제로 작용했다. 누가 이것을 백색혁명이라 했는가?

백남기와 한국농업

백남기 농민의 죽음을 바라보는 불편한 시각들

부서진 허리를 안간힘으로 버티며 소리 없는 눈물로 꾹꾹 눌러 저들의 심장에 격문을 쓰노라. 이렇게 허망토록 쓰러지기 위해 농사를 지은 것이 아니었지 않은가. 한 줌, 아니 티끌만큼도 하늘을 우러러 거역하지 못하는 농사를 이렇게 빼앗으려고 진통제로 버텨온 세월이 아니지 않은가. 아서라. 나는 이 목숨이 다할 때까지 생명의 물줄기를 부여안고 생명지기로 여름지기(농민의 순우리말)로 꿋꿋하게 서리라. 보아라 너희들 권력과 자본이 내 앞에 무릎 꿇게 되리니…….

'백남기를 위하여' 중에서 한도숙

이러한 이유로 들판에서 꽹과리를 치던 백남기는 정권의 무도한 직사 물대포를 맞고 사망했다. 이 사건은 무도한 정권에 의한 한 농민의 사망이란 점에선 주목받았다. 결국 저항의 물결은 정권의 몰락으로 이어지는 출렁이는 촛불로 타올랐다. 사실 백남기 농민 사건이 가지는 함의는 따로 있었으나, 그 함의를 드러내기는 역부족이었다. 우리 사회가 이미 루비콘강을 건너버린 탓인지도 모른다.

대한민국의 1년 농림축수산물 총수입액이 49조7058억원2018년이다. 이 중, 미국이 단연 1위 11조 5천827억6천만원이다. 이것은 공식적으로 미국 본토에서 수입되는 게 그렇다는 얘기이고 미국의 다국적 농기업이 진출한 남미지역까지 포함하면 그 금액은 엄청날 것이다. 2위의 중국부터 호주, 브라질, 러시아, ASEAN, 베트남, EU를 제외한 기타 국가 대부분이 미국의 초국적 기업이 운영하는 회사를 둔 남미지역에서 수입하는 것이리라. 그 기타 국가의 수입액 9조7051억2천만원과 미국의 11조 5천827억6천만원을 더하면 그 금액은 21조2천878억8천만원이다. 총수입액의 42.8%를 차지한다. 대충 봐도 40%가 미국의 먹거리에 의존하는 형국이다.

식량자급률이 21%에 이르는 나라가 선진국일 수 없다. 그럼에도 우리나라는 농사를 계속해서 망가뜨리고 있다. 통계청이 2021년 2월 발표한 2019년 농지면적은 158만1,000ha다. 이 중 논은 83만ha52.5%고, 밭은 75만1,000ha47.5%다. 2019년 농지면적은 2018년 159만6,000ha에서 0.9%인 1만5,000ha가 감소한 것으로, 지금으로부터 10년 전인 2010년 171만5,000ha에 비해 13만4,000ha가 감소한 것이다. 2010년부터 매년 평균 1만3,400ha가 감소하고 있는데 이런 추세가 지속되면 앞으로 7년 후엔 농지 150만ha 선이 무너질 전망이다. 150만ha는 식량자급의 마지노선을 의미한다. 만약, 미국·

농사의 종말

경찰의 물대포를 맞고 쓰러진 백남기 농민. 2015년 11월 14일 ⓒ민중의소리

호주 등이 밀가루 수출을 중단하는 사태가 벌어지면, 우리 국민 3분의 1은 굶어야 하는 지경이다. 요소수 사태가 벌어져 난리면서도 사람들은 식량 걱정은 하지 않는다. 요소수와 비슷한 다른 것들을 걱정할 뿐이다.

당시 농민 백남기는 노구를 이끌고 상경하여 정부에 항의한 것이다. 아니 박근혜에게 항의했다고 보는 것이 맞을 터이다. 쌀값에 대한 약속을 지키지 않은 것이 1차적 원인이라 말할 수 있다.

이제 함께 버텨주던 사람들이 하나둘 곁을 떠나가고 있다. 이웃이 사라지고 땅이 사라지고 있다. 고샅길 돌담이 힘없이 무너지는 황폐한 마을이, 손이 가지 못하는 버려진 땅들이 서럽게 우는데, 남아 있는 농민들의 가슴은 타들어갈 수밖에. 언제고 생명의 먹거리를 우습게 여기다가 큰코다칠 것이라고 객기도 부렸다. 하지만 늘 돌아오는 것은 신자유주의 미친 바람뿐이다. 자본과 권력의 가공할 위력 앞에 농사꾼, 농부는 너무나 초라했다. 그래서 난 농민으로 섰다. 세차게 밀려오는 바람 앞에 흩어지는 낙엽처럼 구르다 말 일이 아니다. 이렇게 구르다 썩어갈 일이 아니다. 이렇게 발바닥에 밟혀 꺼꾸러져 먼지가 될 일이 아니다. 가진 자들의 노래를 꺾어야 한다. 자본의 미친 광기를 맞받아쳐야 한다. 권력에 온몸을 내던지며 우리가 사람임을, 우리가 생명임을 외쳐야 한다. 그래서 난 농민이다. 내 이름이 농민이다.

– '백남기를 위하여' 중에서 한도숙

그렇다. 백남기는 땅이 죽어가는 것을 두고만 볼 수가 없었다. 한국 농업이 이 지경이 돼가고 있다는 것을, 그는 생명의 지속성이 훼손되고 있다는 관점에서 바라본 것이다. 그는 자신의 행동으로 각성을 촉구하고자 나선 것이다. 50개국에 달하는 FTA, 쌀 전면 개방, 수입농산물 범람, 이런 일들이 이어지면서 농촌과 농민들에게 패배의식이 드리우고 있다. '농업은 전망이 없다', '이대로 무너지는 것 아니냐'라는 생각이 만연했고 농사는 투기에 가까운 형태가 돼버렸다. 이런 상황에서 단결된 힘으로 농정을 한 번 바꿔보자는 의미로 대규모 집회를 하게 됐고 백남기는 스스로 제단에 오른 것이다.

"경찰관이 직무 중에 사망하거나, 소방관이 화재를 진압하다 사망하면 그들의 열악한 처우가 공론화되고 최소한의 해결 방안이 도출되지 않느냐", "그런데 백남기 농민이 물대포에 맞아 죽은 지금 우리 사회는 어떠한가. 벼랑 끝에 몰린 농민의 외침에 귀 기울여 주는 정부도, 정치인도 찾아볼 수 없다"고 정현찬 가톨릭농민회 회장이 일갈했다. 그의 말처럼 한 농민을 아니 한국 농업을 걱정하는 위정자는 눈을 씻고 찾아봐도 보이지 않았다. 정치권은 오히려 공권력에 의한 타살이 아니라고 내뻗는 일에만 몰두했었다.

간간히 "우리농업 살려내라"는 외침이 들리기는 했어도 이내 인파에 묻혀 버렸다. 사람들은 바로 정권 퇴진에 몰입해 버렸고 백남기 농민 죽음의 의미는 사라져 갔다. 개방농정이 시작될 때만 해도 우리농업을 지키자며 방방곡곡에서 천만인이 서명하던 모습과는 한참 달라 보였다. 국민의 90%가 농업을 살리는 데 필요하다면 세금을 더 낼 수도 있다고 했던 때로부터 20년이 지났을 뿐이다. 그런데 자신의 입으로 들어가는 저 먹거리가 어디서 나서 어디로 흘러 자신의 먹이가 되었는지 관심 밖의 일이 되어버렸다. [표17]

상황은 이러했다. 2012년 쌀 한 가마 가격은 12만원대로 곤두박질쳤다. 이는 쌀 개방시대를 대비한 정부의 연착륙 책이라고 했다. 국내 쌀값이 낮을수록 수입쌀과의 차이가 좁혀지고 이렇게 되면 고율 관세 때문에 국제시장과 갈등할 필요가 없다는 뜻이다. 그게 연착륙이라는 거다.

당시 쌀값이 개 사료값만도 못하다는 말이 농민들 사이에 유행했다. 그러

단위 : 천원/10a

구분	사례수	적극 반대한다	반대하는 편이다	소계	찬성하는 편이다	적극 찬성한다	소계	잘 모르 겠다	평균 점/5.0
2016	1,500	6.6	32.3	38.8	53.2	1.4	54.6	6.6	2.53
2017	1,500	2.7	38.7	41.4	44.2	9.6	53.8	4.8	2.64

[표17] 2017 농업·농촌의 공익적 기능유지를 위한 추가 세금 부담 여부 농촌경제연구원 도시민 농촌인식조사 송성환 박혜진 ⓒ농촌경제연구원

나 그것은 거짓말이 아니었다. 2014년 산지 쌀값은 80kg 한 가마에 149,352원인데 반해 '홀리스틱'이라는 개 사료는 6.8kg에 38,500원이니 kg당 가격을 비교하면 1,817원 대 5,661원이다. 1/3도 안 되는 가격이다. 그러니 박근혜는 강서구 88체육관에서 농업경영인들을 모아놓고 농정 5대 공약을 발표했다. 여기서 쌀값 21만원 인상 공약이 나온 것이다.

농약 지원, 비료 지원, 농기계 도입 지원, 경지정리, 시설하우스 등장, 각종 정책지원금 등은 이른바 녹색혁명형 농업이었고 철저한 미국식 농업의 이식이었다. OECD 최고 수준의 한국농업의 집약성은 생산성 중심으로 흘러왔지만 한계가 명확했다. 2015년 한국은 고추 1kg의 생산원가가 1만 1,686원이지만 중국은 1,895원이다. 마늘은 2,049원 대 686원이고 양파는 334원 대 98원이다. 우리 농업이 세계 시장으로 편입되어 고도화된 지금의 성적표다. 이것이 바로 세계 농식품 체계로 빨려 들어가는 입구 정책이었다.

　　　　　　　　　　　　　　　　　　　　　　　농사의 종말

정부의 정책과 국민들의 무관심은 백남기 농민을 살려내라는 함성에 싸늘해져 갔다. 농민들의 데모대에 육교에 올라 손뼉 치던 모습은 전설이 되어버렸다. 국민들의 시선은 애써 농업을 외면하는 쪽으로 흘러갔다. 농경연의 자료에도 2016년과 2017년 딱 한해 사이에 농촌을 유지하기 위해 세금 부담 여부를 살펴봤는데 각각 54.6%와 53.8%로 1년 만에 0.8%가 감소한 것으로 나타났다. 이 추세는 계속될 것으로 보이는데 10년 뒤면 절반 아래로 곤두박질칠 것으로 보인다. 이런 원인은 어디서 비롯된 것일까. [그림7]

그것뿐 아니다. 국민들의 농촌에 대한 부정적 인식도 커져가고 있다. 살기 힘든 곳이라는 낙인이 찍힌 후 20년 동안 주거환경과 문화복지면에서 미흡하다는 평가만 점점 높아져 가고 있다. 이런 저변엔 농업을 단순하게 성장주의로 바라보고 경쟁력 우위 정책을 펴 나간 정부의 농정 방향 오류에서 비롯된다. [표18]

이는 농가수와 농업인구 변화 추이에서 극명하게 나타난다. 2019년 현재 전체 인구 대비 농업인구비율이 4.3%로 최저치를 기록했다. 10년 전 5.9%에서 1.6%나 줄어들었다 그나마 농업종사자의 연령분포를 보면 65세 이상이 절반을 넘는 수치이다.

왜 농촌으로 새로운 생산인력이 투입되지 않는가. 백남기 농민이 죽음으로 지키려 했던 농업과 농촌은 그렇게 허물어질 수밖에 없는 하찮은 것이었는가. 한국고용정보원의 조사 결과 2020년 전국 시·군·구 중 46%, 105곳이 '소

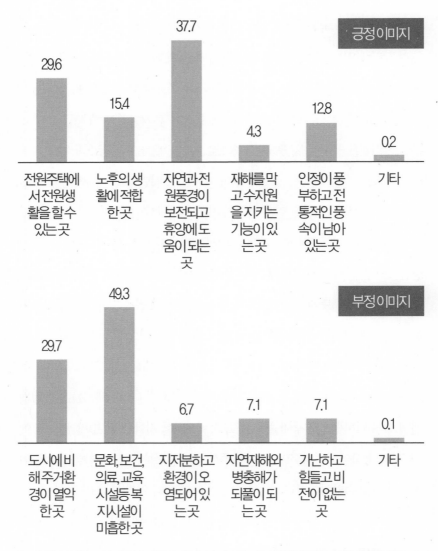

긍정이미지

| 29.6 | 15.4 | 37.7 | 4.3 | 12.8 | 0.2 |

전원주택에서전원생활을할수있는곳 / 노후의생활에적합한곳 / 자연과전원풍경이보전되고휴양에도움이되는곳 / 재해를막고수자원을지키는기능이있는곳 / 인정이풍부하고전통적인풍속이남아있는곳 / 기타

부정이미지

| 29.7 | 49.3 | 6.7 | 7.1 | 7.1 | 0.1 |

도시에비해주거환경이열악한곳 / 문화,보건,의료,교육시설등복지시설이미흡한곳 / 지저분하고환경이오염되어있는곳 / 자연재해와병충해가되풀이되는곳 / 가난하고힘들고비전이없는곳 / 기타

[그림7] 2017 도시민의 농촌에 대한 이미지 농촌경제연구원 송성환 박혜진
ⓒ농촌경제연구원

도시민 1,500명을 대상으로 한조사치임.

농사의 종말

단위: 천호, %, 천원

	2011	2012	2013	2014	2015	2016	2017	2018	2019	2020
농가수	1,163	1,151	1,142	1,121	1,089	1,068	1,042	1,021	1,007	1,036
총가구중비중	6.5	6.4	6.2	6.0	5.7	5.5	5.3	5.1	5.0	5.1
농가당가구원수	2.6	2.5	2.5	2.5	2.3	2.3	2.3	2.3	2.2	2.2
농가인구	2,962	2,912	2,847	2,752	2,569	2,496	2,422	2,315	2,245	1,317
총인구중비중	5.9	5.8	5.6	5.4	5.0	4.9	4.7	4.5	4.3	4.5
65세이상비중	33.7	35.6	37.3	39.1	38.4	40.3	42.5	44.7	46.6	42.5

[표18] 농가, 농업인구 변화추이 ⓒ통계청

멸위험지역'이 되었다. 2019년에 비해 12곳이 증가했다고 한다. 특히 2020년 새로이 여주, 제천, 무안, 나주 등 농촌이 위치한 지역의 소멸위험지수(한 지역의 20~39세 여성 인구수를 해당 지역의 65세 이상 고령 인구수로 나눈 값으로, 소멸위험지수가 0.5 미만이면 소멸위험 지역이라고 정의한다)가 0.5 이하로 나타났다. 따라서 30년 후면 이들 지역이 사라질 것으로 보는 것이다.

인간문명의 근본 토대는 단 6인치의 깊이에 불과한 토양층(표토)이다. 흙 (humus)을 떠나면 우리는 더 이상 인간(humans)이 아니다. 사실상 재생 불가능한 자원인 이 토양층은 오직 정성스럽게, 과욕을 부리지 않고 땅을 돌보는 사람들, 즉 토착 농민들에 의해서만 보존될 수 있다. 농민에 대한 존경심이 없는 사회의 귀결은 파멸뿐이다.

도시화·산업화가 아무리 '문명화'의 척도라고 하더라도, 땅이 죽거나 땅과의 유대가 끊어지면 인간은 조만간 사멸할 수밖에 없다. (중략) 그런 의미에서 땅의 성질을 잘 알고, 땅을 사랑하며, 땅을 보살피는 데 온 생애를 바치는 소농들이야말로 생태계와 인간다운 문명의 궁극적인 수호자라고 할 수 있다. (중략) 그러나 소농을 보호하는 것은 단순히 농민들의 생계 문제가 아니라, 궁극적으로 땅을 살리는 문제라는 것을 깨달아야 한다. 땅이 죽으면 만사가 끝이다.

– 〈시사인〉 제64호 (2008. 12. 6), 김종철, '땅이 죽으면 만사가 끝이다'

백남기 농민의 사망과 함께 우리 농업도 사망한 것이다. 백남기 농민의 생명평화정신은 김종철이 이야기 한 대로 농민에 대한 존경심이 사라진 사회의 종착점이었고 생명 평화의 농업을 되살려내는 작은 불꽃이었음을 이 사회는 냉정하게 부인한 것이다. 문재인 정부는 백남기 정신으로 지난 시절의 농정 적폐를 확실하게 처리하고 새로운 생명농업으로 나가겠다고 다짐했지만 역부족이었다. 정치적 잣대로 농업의 가치는 재단되었을 뿐이다.

건국대 교수 윤병선은 '살농殺農의 시대, 희망은 있는가'라는 글에서 '가을

농사의 종말

은 두려움의 계절'이 되어버렸다면서 이렇게 한탄했다.

언제부터인가 가을은 두려움의 계절로 되어버렸다. 농촌은 더욱 그렇다. 가을의 신명 나는 풍년가는 이미 박물관에 갇혀버린 지 오래고, 봄과 여름의 고단함을 위로해주던 가을은 한국 농촌에서 사라져 버렸다. '내년에도 농사 짓자'는 외침이 가을의 절규가 되어버렸다. 그리고 그 절규의 한가운데에서 농민 백남기는 떠났지만, 살아남은 농민들은 '우리가 백남기'라며 그를 보내지 못하고 있다. 보성에서 농사짓던 농민 백남기가 작년2015년 11월 서울에 올라간 것은 끝 모르고 추락하는 쌀값으로 표상되는 농촌의 어려움을 알리기 위해서였다. 그런데 그 백남기 농민이 317일이라는 짧지 않은 시간 동안 병상에서 사투를 벌이고 있는 사이에 쌀값은 더 폭락했다.

정부는 정부대로 국민은 국민대로 더 많은 생산 증가의 욕망을 가차 없이 투영하는 사이, 농사의 가치는 피폐해질 대로 피폐해져 버렸다. 도시인들은 아스팔트에 쭈그려 앉아 팔뚝질하며 농정을 규탄하는 농민들을 도로교통에 방해되는 존재로나 취급한다. 그런 인식이 조만간 부메랑으로 자신들에게 돌아갈 것임을 알지 못한다.

경자유전 어떻게 변해왔나 ①

헌법정신, 제헌헌법에서 6공화국 헌법까지

우리나라 근대적 농지제도 역사는 1910~1918년에 일제가 시행한 조선토지조사사업, 1950년에 대한민국 정부가 실시한 농지개혁사업, 그리고 1994년 '농지법' 제정의 3단계로 구분할 수 있다. 그 가운데 현재 농업과 농지에 강력한 영향력을 미치고 있는 농지제도의 근간은 '경자유전耕者有田'이다. 이 사상은 제헌헌법에서 6공화국 헌법까지 그대로 이어지고 있다. 경자유전의 제도화가 역설적이게도 시장주의 국가인 대한민국에서 이뤄진 것이다. 1948년 제헌의회는 헌법 제86조에 "농지는 농민에게 분배하며…"라고 명시했다. 이어 1949년 6월 이승만 정부는 '유상매입 유상분배'가 핵심인 농지개혁법을 통과시켰다. 하지만 앞서 미군정이 '유상매입 무상분배'를 추진하고 북이 1946년 5월 '무상몰수' 토지개혁안을 통과시킴으로써 남쪽 정부의 한계를 노출했다.

당시 국민들의 염원은 경자유전에 있었다. 〈경향신문〉은 국회에 농지개혁법안 상정 기사를 1면에 다루며 3천만 국민이 경자유전을 갈망한다고 제목을

농사의 종말

뽑았을 정도이다. 그러나 이날 상정안은 토론이 길어져 산회하고 말았다.

우리 헌법은 농지에 대해서는 "국가는 농지에 관하여 경자유전의 원칙이 달성될 수 있도록 노력하여야 하며, 농지의 소작제도는 금지된다"제121조 제1항고 분명히 못 박고 있다. 그리고는 "국가는 국민 모두의 생산 및 생활의 기반이 되는 국토의 효율적이고 균형 있는 이용·개발과 보전을 위하여 법률이 정하는 바에 의하여 그에 관한 필요한 제한과 의무를 부과할 수 있다"제122조고 하여 토지재산권에 대한 국가 권한을 광범위하게 부여했다. 분배된 농지의 상속이나 매매 등 소유권을 처분하는 행위도 엄격하게 제한했고, 농지의 소작·임대차·위탁경영을 금지했다.

그러나 1980년 헌법 개정은 농지임대차와 위탁경영을 허용했다. "농업생산성의 제고와 농지의 합리적인 이용을 위하거나 불가피한 사정으로 발생하는 농지의 임대차와 위탁경영은 법률이 정하는 바에 의하여 인정된다."제121조 제2항는 내용이 헌법에 담겼다. 이로 인한 임차농지와 임차농가는 계속 늘었다. 이렇게 여러 차례 개헌에도 '소작금지' 조항은 유지되었다. 1987년 개헌에서 "국가는 경자유전의 원칙이 달성될 수 있도록 노력하여야 한다"고 '경자유전'을 재확인했다.제121조 1항 그러나 하위 법률은 거꾸로 가기 일쑤였다. 헌법의 '예외조항'121조 2항이 문제였다. 1996년 농지개혁법이 폐지되고 농지법이 제정된 뒤 개정을 거듭했다. 지난 8월 17일 개정까지 포함 총 60여차례 농지법 개정이 있었다. 이로 인해 예외조항이 많아져 본질이 호도되는 괴물이 되었다. 누구든 법망 사이를 오가며 사실상 농지를 무제한 소유하고 쉽게 전용할 수 있게 된 것이다.

일제강점기 소작농 비율은 65%에 이르렀다. 70여 년이 지난 지금 임차농지 비율은 60% 안팎을 오간다. 1990년대 들어서는 경자유전의 원칙이 더욱 급격하게 무너졌다. 1990년 '농어촌발전특별조치법'이 제정되면서 영농조합법인도 농지를 소유할 수 있게 됐기 때문이다. 이는 소작제도 금지 등의 원칙이 심각하게 훼손당하는 결과를 초래한 것이다.

농지개혁법에서 정한 경자유전이 가족 단위로 자작하는 농가만이 농지를 소유할 수 있다는 의미를 망가뜨리고, 농지 소유 상한을 3만㎡^{9075평·3ha}로 규정해 대지주가 나오는 것을 제도적으로 막은 것을 훼손한 것이다.[그림8]

문제는 1950년 농지개혁법이 제정되고 난 후 1996년 농지법이 제정되기까지 44년간 농지제도와 관련된 법은 시기마다 정부마다 정책마다 따로 법을 만들어 관리해왔다. 그렇게 복잡한 법들로 필요할 때마다 경자유전의 원칙을 흔들었고 소작금지제는 무용지물이 되어갔다. 농지 관련법이 헌법과 농지개혁법을 제하고도 21개 법안으로 이루어져 농지관리의 효율적 측면이 훼손되었다. 또한, 필요할 때마다 법을 만들고 개정하기를 반복해 신자유주의 시장 구조에 농업이 쉽게 편입되도록 한 것이다.[표19]

표에서 보는 것과 같이 농지와 관련된 법들은 농지개혁법 이후 필요에 따라 만들어지고 개정되고 폐지되기를 거듭하였다. 이유야 국토개발이지만 그

```
%
60
50
40
30
20
10
0
   1962 1966 1970 1974 1978 1982 1986 1990 1994 1998 2002 2007 2011 2015
```
——— 임차율

[그림8] 농지의 효율적 이용을 위한 농지임대차 관리방안연구 농촌경제연구원
채광석, 김홍상, 윤성은 - 2016 ⓒ농촌경제연구원

과정에서 농지의 타용도 전용은 극심해지고 농민들은 탈 이농의 대열에 서야
했다. 많은 농지관련법령 가운데서도 농촌근대화촉진법1970과 농지의 보전
및 이용에 관한 법1972. 12. 18. 농지임대차관리법1986농어촌발전특별조치
법의 제정 의미와 개정 실태를 보면 농지의 보전과 개발 사이에 많은 갈등이
보인다. 이 갈등의 구조는 늘 개발 쪽에 손을 들어주는 결과를 만들어냈다.

   농촌근대화촉진법(1970)은 "제1조 (목적) 이 법은 농지의 개량·개발·보전
   및 집단화와 농업의 기계화에 의한 농업생산력을 증진시키고 농가주택을

1980	★농지임대차관리법 (1986)	임차지 급증, 입차료급등 예상	임차료 규제, 농지관리위원회 설치, 농지매매증명 발급
1990	산업입지 및 개발에 관한 법률(1990)	공장부지난	농공단지 지정, 토지수용
	★농어촌발전 특별조치법(1990)	도농격차 심화, 수입개발 압력, 농업위기	농업진흥지역 지정, 농업구조개선
	★농어촌진흥공사 및 농지관리기금법(1990)	경영규모 영세, 농가소득저위	농가경영규모 적정화 강구, 농지매매·임대차 사업
	농어촌구조개선 특별회계법(1991)	농수산물 수입개방압력, 투자재원 빈약	농지기반조성

[표19] 농지관련법 ⓒ농촌경제연구원 농지관련법령 정비연구

★표시는 농지와 관련된 보다 주용한 법률이며, 전은 전문개정을 말함.

개량함으로써 농촌 근대화를 촉진하게 함을 목적으로 한다"라고 규정하고 있다.

– 국가법령정보센터 법률 내용

박정희 정권은 2차 경제개발 5개년 계획을 기점으로 주곡 증산, 농공병진을 표방했다. 토지개량사업을 위한 대규모 차관을 아시아개발은행ADB으로

부터 도입하였다. 따라서 농촌근대화촉진법은 농업생산력 증대를 추구한 박정희 정권 농정 방침의 결과물이었다. 이에 따라서 대규모 토지개량사업을 위한 농업진흥공사와 토지개량조합을 합병하여 농지개량조합을 설립하였다. 이는 정권의 인사개입과 거듭된 하청구조 속에서 부실한 재정을 운영하는 등 비합리적인 기관으로 변질되었다. 이는 본래 농민들의 자발적 기구로 만들어졌던 농지조합을 정부가 실질적으로 권력을 장악하고 장기채와 과다한 인력 등 문제에 시달리며 농민들의 불만이 팽배해졌다.

박정희 정권이 추구한 '농촌근대화'는 오히려 농촌근대화촉진법으로 인하여 부실한 재정과 방만한 운영이라는 문제에서 벗어나지 못했다. 이는 농업생산력 증대와 농촌근대화를 위한 여러 사업에서 당사자인 농민이 소외되는 결과로 이어졌다. 정부의 지원과 주도가 역효과를 불러일으킨 것이다. 이 법은 1996년 폐지될 때까지 12차례의 개정을 거쳤다. 그만큼 부실과 운영상의 허점이 노출된 결과였을 것이다.

'농지의 보전 및 이용에 관한 법률'(1972년 12월 18일 제정)은 1973년 1월 1일 법률 제2373호로 발효되었다. "농촌의 도시화와 각종 건설사업의 추진에 따르는 농지의 잠식과 도시 주변 등에 있는 농지의 유휴화로 말미암아 농업증산이 저해되고 있으므로 이에 대처하여 앞으로 농지의 전용을 적절히 규제하여 이의 보전을 도모하고 그 이용도를 높임으로써 농업생산력의 증진에 기여하려는 것"이라고 밝히고 있다. 그러나 이는 도시 확장으로 비롯된 토지의 수용을 허가함으로 상대적으로 농지의 축소로 이어지는 법안이었다. 그러나 무분별한 전용이 이루어지자 급기야 "식량의 안보적 차원과 지속적인 식량자급을 통한 국민 식생활의 안정을 기하기 위하여 농업생산기반인 농지의 보전이 무엇보다도 시급히 요청되고 있어 농지의 전용을 억제하고 농지를 보다 더 효율적으로 보전·이용할 수 있도록 하려는 것임"이라고 밝히며 농지전용부담금을 부과하는 등 법안을 강화하는 듯 보였다.

— 국가법령정보센터 법률 내용

그러나 항상 농업생산성보다는 토지 생산성에 잣대를 들이대어 농지 전용은 극심해졌을 뿐이다. 이 법 또한 1996년 폐지될 때까지 16번이나 개정되었는데 이때마다 국토의 이용과 개발 또는 공업단지, 관광지법 등에 의해 개정되었다.

'농지임대차관리법'(1986년 12월 31일 제정)은 법률 제3888호로 1987년 10월 1일 발효되었다. 농지임대차관리법은 "대차농지가 전 농지 면적에 비하여 차지하는 비율이 1950년 농지개혁 당시에는 8퍼센트에 불과하였으나 1985년 말 현재에는 30.5%로서 그간 매년 증가되어 온 추세이고, 총대차료가 5,095억 원에 달하여 그것이 농촌경제에 상당한 부담을 주고 있는 실정

농사의 종말

이어서 농지임대차에 관한 기본적 사항을 입법화하여 농지임대차당사자 쌍방의 권익을 보호하고, 임차농가의 과다한 임차료의 부담을 경감하는 동시에 농지의 합리적인 이용과 농업생산성을 높이려는 것"이라고 했다.
– 농촌경제연구원 채광석

그러나 이 법은 임차인을 보호하고 농지임대차를 양성화하겠다는 취지였으나 헌법상의 소작금지 조항을 무력화한다 하여 농민들의 강력한 반발이 있었다. 서면계약 원칙, 최소 임대기간, 임차료상한제, 임대인의 지위승계, 계약의 갱신, 농지관리위원회 제도 등을 두었으나 실제 법과 현실의 괴리를 메울 수는 없었다. 임대차계약의 서면방식의 도입은 '자경自耕하지 않는다.'는 물증으로 남을 수 있어서 지주들의 반감을 샀다. 지주들에 의하여 임대차계약 해지통보가 빈번해지자 농민들은 그 원인이 농지임대차관리법에 있다고 보고, 그 폐지를 강력하게 주장하게 되어 시행조차 제대로 해보지 못하고 사문화되고 말았다. 이처럼 농지임대차관리법의 강화가 아닌 폐지로 인하여 비농민들의 농지구입 열풍은 더욱 거세게 타오르고 농민들은 이들의 소작농으로 급속히 재편되기에 이른다.

정부는 1989년 4월 28일 농어촌 발전을 촉진하기 위한 근본적이고 종합적인 대응책을 마련함으로써 21세기를 향한 농정의 새로운 청사진을 제시한다는 취지에서 농어촌발전종합대책을 발표했다. 그리고 1990년 4월 7일 법률 제4228호로 농어촌발전특별조치법을 제정해 농어촌공사를 설립하는 한편, 직업훈련과 생계비 지원 등 전업 지원제도와 추진체계의 구상을 밝혔다. 농어촌발전특별조치법은 농어촌발전종합대책이 밝힌 주요 추진 시책을 반영한 것이다.

– 국가법령정보센터 법률 내용

농어촌발전특별조치법의 제정은 지난 시기 급속한 공업화 중심의 개발과정에서 초래된 농어촌문제 현실에 대한 인정, 그리고 그간 정부의 기존 대책이 문제의 근본적 해결이나 농어가 다수의 자생력 회복이란 면에서 미흡했다는 점에 대한 시인을 배경으로 이루어졌다. 그러나 직접적으로는 농수산물 수입자유화의 일정을 확정한 가운데 농어민들의 위기감이 고조되고 있다는 정부의 판단이 작용한 결과물이었다. 농어촌발전특별조치법은 농어촌문제의 구조적·장기적 해법을 모색하되 정책이념을 형평성이 아닌 생산성 및 경쟁력에 두면서 농수산업을 기업형 경영체제로 전환시키겠다는 의지를 담고 있었다.

이와 같이 헌법과 농지법에서 경자유전의 원칙을 천명하고 있지만, 현실적으로는 농지의 소유와 이용에 관한 규제가 폐지·완화되고 농지법의 예외적인 조항을 통하여 비농업인의 농지소유가 광범위하게 인정되면서 경자유전의

농사의 종말

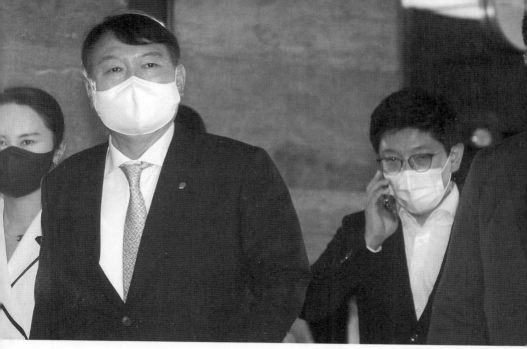

국민의힘에 입당한 윤석열 대선 후보가 국회 본관을 나서고 있다. ⓒ민중의소리

원칙과 자작농주의는 상당 부분 훼손되었다. 즉 농지에 관한 기본이념과 원칙이 제시되고, 이를 실현하기 위한 다양한 수단이 제시되어 있지만 기본이념과 원칙이 실현되지 못하고 있는 실정이다. 그럼에도 농지의 소유와 이용의 밀접한 연계 속에서 제도화된 경자유전의 원칙이라는 헌법상의 이념은 현실에서 깡그리 무시되고 말았다.

국민의힘 대선 예비후보 윤석열은 2021년 8월 1일 서울 여의도에서 열린 청년 정책토론회에서 "오래전부터 농사를 지어왔던 분들이 경자유전에 너무 집착한다"며 "이런 이유로 농업이 산업이 되지 못하고 있다"고 말했다. 농업의 가치가 단순히 자본의 논리로 설명될 수 있는지도 문제지만 농업에 대한 근본적 인식이 천박하다고 할 수밖에 없다. 또한, 이는 헌법정신을 근본적으로 부정하는 망언일 뿐이다. 대통령이 되겠다는 자가 인식이 이러하니 현재 헌법상의 경자유전은 땅에 대한 소유 욕망을 위해 존재하는 알리바이 같은 것으로 되어버린 것이다.

경자유전 어떻게 변해왔나②

1994년 제정된 농지법의 변질

지난 8월 국민의힘 윤희숙 의원의 부친이 세종시에 논을 매입해서 온 나라를 떠들썩하게 하였다. 윤 의원의 부친은 농민이 아니기에 농지를 소유할 수 없으므로 이는 명백한 불법이다. 그런데도 농지를 매입할 수 있었던 것은 자신이 농사짓겠다는 거짓 사업계획서를 제출하고 농지취득자격증명서를 발부받았기 때문이다. 이렇게 투기 목적으로 농지를 취득한 다음 헌법에서 금지한 소작을 주는 불법을 저질렀다.

이 문제가 불거진 것은 이미 LH사태로 인해 공직자들의 농지 불법소유 실태를 조사하면서다. 윤희숙 부친의 건은 불똥이 튄 정도에 불과하다. 사태가 이러니 정부는 경자유전의 원칙이 제대로 지켜지도록 한답시고 서둘러 고위 공직자의 농지 소유 현황을 정리하여 발표했다.

조사 결과, 전체 공개대상자 1,862명 중 38.6%인 719명이 농지를 소유하고 있었다. 중앙부처는 200명으로 10.7%, 지방자치단체는 519명으로 27.9%를 기록했다. 이들이 소유한 총 농지면적은 311ha약 942,050평이고, 총 가액은

1,359억원이었다. 1인당 평균 농지 소유 규모는 0.43ha약 1,310평, 1인당 평균 가액은 약 1억 9천만원 정도다.

이런 현황을 어떻게 보아야 할까. 실제 경작을 하는 농민들의 경우 농지의 평균 평당 가격이 7~8만원이고, 최대 15만원 이상이 되면 농지를 구입하여 농사를 짓기 힘든 수준이라고 알려져 있다. 2018년 벼농사의 소득은 10a0.1ha; 300평당 68만3천원으로 조사되었다고 한다. 이자율이 연 3%라면 농업 수익으로 환산한 농지 가격은 2,276만7천원으로 평당 7만6천원이 채 되지 않는 것이다. 게다가 전체 농가의 48%에 해당하는 487,118호가 경지가 없거나 0.5ha 이하를 소유하고 있다.

이렇게 보면 고위공직자들의 농지 소유 현황은 면적이나 금액 모두 결코 작은 규모가 아니다. [표20]

국회도 부랴부랴 국민권익위에 이와 관련한 조사를 의뢰했다. 조사 결과에 의하면 여야를 막론하고 25명의 국회의원이 부동산 소유 과정에 불법적인 요소가 있었다. 이에 따라 각 당은 제명, 출당 등의 징계를 했지만, 의원들이 억울하다며 버티다가 흐지부지되어 버린 상황이다.

이렇듯 지금 대한민국에선 농지와 관련한 헌법적 가치인 경자유전의 원칙이 파괴된 지 오래고, 그나마 지키려는 경자유전 원칙을 떼어내지 못해 안달하고 있다. "경자유전의 원칙에 너무 집착하여 농업이 산업이 되지 못하고 있다"는 국민의힘 윤석열 후보의 걱정과 우려는 전혀 현실적이지 못하다. 농민

농사의 종말

구분	조사 대상자	인원	
합계		1,865명	
중앙 부처	대통령, 장관급 이상(32명), 대통령비서실 수석급(8명), 차관급(83명), 대학총장 등(59명), 고위공무원단 가등급 등(306명)	489명	750명
	공직유관기관장 등(261명)	261명	
지방 자치 단체	광역단체장(17명), 기초단체장(217명), 시·도립대 총장(8명), 1급 공무원 등(42명)	284명	1,115명
	광역의회의원(813명)	813명	
	시·도교육감(17명), 서울시부교육감(1명)	18명	

[표20] 경실련발표자료 월간 〈경실련〉 2020년 11, 12월호 ⓒ경실련

이 경자유전에 집착하고 싶어도 집착할 농지조차 없는 소유구조가 이미 만들어져 있는 것이다. 인식이 이러니 농지법은 농지를 투기의 대상물로 만들고 말았다.

우루과이라운드를 시작으로 농업 개방의 불가피론과 경쟁우위설의 도입으로 농촌 경제가 어려워지자, 그간의 농지개혁법과 관련 법들로 운영되던 법 체계를 단일화한 농지법이 1996년부터 시행되었다. 새로 만든 농지법에서는 헌법 상 경자유전의 원칙을 재확인했지만, 또 한편으로는 제6조 제1항

에서 농지소유 자격을 농업인과 농업법인으로 확대해 자본의 농업 참여가 가능하도록 했다. 또한, 농지 소재지 거주 요건을 폐지하고 도시에 사는 사람도 농지취득자격증명을 발급받으면 농지를 사들일 수 있게 됐다. 1999년엔 임차료 상한제 등 임차농가를 보호하기 위한 제도가 폐지됐고, 농지 소유의 상한은 약 5만㎡1만5125평·5ha로 확대됐다.

2003년엔 주말 영농을 목적으로 도시민도 1000㎡302.5평·0.1ha 미만의 농지를 취득할 수 있게 됐다. 그 이후로도 농업을 연구하는 바이오·벤처 기업 연구소, 직업 탐색을 하는 대학생에게도 농지 소유의 길이 열렸다. 농지 소유 규제를 풀고, 비농민의 농지 소유를 확대해오며 누더기가 된 농지법의 현주소가 이렇다.

그 결과 현재 농지의 경우 60% 이상 소작농이 농사를 짓고 있으며, 15년 후에는 전체 농지의 84%를 가짜 농민을 포함한 비농민이 소유할 것으로 예측되는 상황이다. 엄연히 경자유전의 원칙을 명시한 헌법이 존재함에도, 농지법을 통해 온갖 예외 규정을 두어 국민 누구나 농지를 소유할 수 있도록 만든 결과이기도 하다. [표21]

농지를 지켜야 할 '농지법'은 1996년 이전의 소유 관계는 아예 덮어두고 그 후에도 예외 규정을 통해 비농업인의 농지소유를 광범위하게 인정하고 있다. 또 농지법 이외의 다른 법률에서는 농지 전용이 무분별하게 허용되는 실정이다. 특히 국토의 계획 및 이용에 관한 법률은 농지법의 상위법률처럼 작동했

농사의 종말

농가 수 (법인 수)	논		밭		법인		농지 이용면적
	소유	임차	소유	임차	소유	임차	합계
1,088,518 (15,043)	427,145	310,250	396,521	175,760	7,819	36,760	1,354,255

[표21] 농업인 농지소유 및 이용현황(2015) ⓒ통계청

다. 농지법 제정 직전인 1994년에는 7개 법률에서만 용인될 정도로 농지 전용이 엄격히 관리되었으나, 2019년 6월 기준으로 농지 전용 의제 법률은 78 개로 크게 늘어났다. 이로써 비농민 농지소유가 경작농민 수준을 넘어섰다.

2021년 7월 23일 국회 본회의에서 농지법, 농어업경영체 육성 및 지원에 관한 법, 한국농어촌공사 및 농지관리기금법 개정법률안이 통과됐다. 이들 개정법률안 3건은 모두 농지제도를 강화하는 법으로 '농지 투기방지 3법'이 라는 의미를 지녔다. LH사태가 몰고 온 사회적 파장을 잠재우기 위한 농지법 개정이었다.

개정 농지법은 농지 취득자격 심사를 강화했다고 한다. 그러나 어디에도 그런 조항이 보이지 않는다. 물론 지자체가 농지 취득자격 심사 과정에서 신청인의 농업 경영 계획 실현 가능성을 면밀하게 판단할 수 있도록 정보 제공을 의무화한다거나 농업경영계획서 작성 시 직업·영농경력·영농거리를 반드시 기재해야 하고, 관련 증명서류도 의무 제출해야 하는 등 강화한 것처럼 보

한도숙 칼럼집

이지만 이는 달을 가리키는 손가락만 본 것이다.

헌법 제121조는 "국가는 농지에 관하여 경자유전의 원칙이 달성될 수 있도록 노력해야 하며, 농지의 소작제도는 금지된다"라고 선언하고, "농업생산성의 제고와 농지의 합리적 이용을 위하거나 불가피한 사정으로 발생하는 농지의 임대차와 위탁경영은 법률이 정하는 바에 의하여서만 인정되어야 한다"라고 규정하고 있다.

이러한 헌법 규정에도 불구하고 전체 농가 중 임차 농가가 51.4%로 자경 농가를 초과하여 경자유전의 헌법정신은 사라지고 예외적이어야 할 임차농이 주류를 이루는 비정상이 횡행하고 있으므로 이를 바로 잡을 필요가 있다고 한 것이다. 그러면서 현행 농지법령에 따르면 비농업인이라도, 상속인 또는 8년 이상 농업경영에 종사했던 이농자는 상속 또는 이농 당시 소유하고 있는 1만 제곱미터 이내의 농지를 아무런 제한 없이 소유할 수 있고, 이 경우에는 농업경영이나 농지처분 의무도 없어, 임차농 증가의 주원인이 되고 있다.

농촌인구는 급격하게 고령화되고 있으나, 자손들 대부분은 도시에 거주하는 현실에 비추어 볼 때, 시간이 흐를수록 비농업 상속인 및 이농자의 농지 소유가 확대될 것으로 예상되나, 그들의 농업경영은 기대하기 어렵고, 일선 행정기관이나 인근 농지경영자 등 이해관계인들의 소유자·임차인 등 현황 파악과 사후 관리에 어려움이 가중되고 있다.

특히, 농지 상속은 민법에 따라 피상속인 사망으로 자동 개시되고 등기 여부와 관계없이 소유권이 이전되어 농지의 상속과 취득 현황 파악이 어려우며, 상속인과 이농자 소유 농지의 휴경이나 불법 임대차 등에 대한 적절한 관리 수단을 확보할 필요가 있다.

> 이에 상속인 및 이농자 소유농지도 농업경영에 이용되어야 하는 농지임을 명확히 하고, 상속 농지나 휴경 농지 현황을 행정기관과 이해관계인들이 파악할 수 있도록 관련 정보 및 연계 정보 관리를 위한 법적 근거를 마련하는 한편, 일본식 용어를 우리말 어법에 맞는 표현으로 순화하려는 것이다.
> - 국가법령정보센터 인용

농지법의 문제는 경자유전의 원칙을 어떻게 바라보고 이 사회가 그것에 대해 어디까지 합의할 수 있는 것인가의 판단이다. 그러기에 농지법에는 경자유전에 입각한 농업과 농민 그리고 국민의 지속가능한 삶이 무엇인지를 살펴 법안을 만들어야 한다.

그러나 1950년 농지개혁법에서 1994년 농지법으로 전환되면서 농지의 공공적 성격이 많이 침해되었다고 판단된다. 농지법 제정 당시 통작거리 8km를 삭제하고 비농업인 상속 1만평방미터 소유로 한정했다. 그 후 2002년 농지법 개정 시 비농업인이 농업회사를 통해 농지소유를 가능하게 하고 비농업인이 1000평방미터를 주말 여가용으로 소유하도록 했다. 이때 농지관리위원회를 폐지하는 등 농지의 투기를 부추기는 행위를 한 것이다.

그 뒤 2005년에 비농업상속인 소유가능범위를 2만평방미터까지 확대하고 2009년엔 아예 이 조항을 폐지했다. 거기다 경사도 15% 이상 진흥지역 외 농지를 비농업인이 얼마든 소유할 수 있도록 했다. 그뿐인가. 농업회사법인 대표가 농업인이 아니어도 된다는 규정까지 만들었으니 가히 농지투기의 천국이 된 것이다.

이런 상황 속에서 이번 농지법 개정은 단지 LH사태로 비롯된 농지투기를 막아 보겠다고 취한 임시 조처에 불과하다. 그도 현재 공직자들이 보유한 농지는 그대로 유지한 채 소급적용하지 않는 어리석음을 그대로 노출했다. 농지법을 만지작거리며 기존의 재산권이 침해받지는 않을지 먼저 고민한 정부안이나 이를 그대로 받아들인 국회도 딱할 뿐이다.

또 다른 문제도 있다. 농지법에는 농지 투기 방지 내용만이 아니라 농지가 가지고 있는 공익적 가치인 식량 안보와 건강한 먹거리 제공, 환경 생태 보전을 위한 내용도 담겨야 한다. 그렇게 개정돼 농지가 가진 본연의 공익적 목적을 회복시키는 방향으로 법 제도가 구성돼야 하지만, 이런 부분들은 거론조차 되지 않았다.

그렇게 본다면 농지법은 이제 폐기되어야 한다. 1994년으로부터 30년이 지난 법이다. 그 간의 한국 사회는 개발을 최우선으로 하며 성장을 말하던 시대였다. 그동안 농지 변화가 극심했고 이로 인한 농업 농민의 기본권이 많이

윤희숙 국민의힘 의원이 2021년 8월 25일 부동산 투기 의혹으로 의원직 사퇴를 발표하며 머리를 숙였다. ⓒ민중의소리

훼손되었다. 이제는 시대의 변화와 기후변화, 식량 위기, 지속가능한 개발, 인권의 신장 등이 반영된 새로운 법으로 대체되어야 할 것으로 보인다.

현행 농지법이 가지고 있는 절대가치는 농산물 증산과 시장원리, 사유재산권 등에 매여 있다. 새로운 시대, 새로운 환경, 새로운 가치들이 중심이 돼, 자본의 논리보다 인간의 삶이 우선 되는 법으로의 개정이 필요한 때이다.

'스마트팜'은 우리 농업의 미래인가?

기존 농가 생존권 위협하는 잘못된 농정

경기도 평택시 진위면 채소단지는 수도권의 중심적인 과채류 하우스 단지이다. 여기에 대표적인 기업형 농업회사가 있다. 선거철이 되면 정치인들은 이 회사를 방문하곤 한다. 앞으로 농업이 나아가야 할 모범적 스마트팜Smart Farm이라고 추켜세운다. 이 회사는 매출이 늘어남과 동시에 자본의 확장이 필요했고, 이에 따라 굴지의 자본회사가 참여함으로써 실제적 투자자본의 먹잇감이 된 사실은 간과한 채 말이다.

스마트팜이란 기존 농사 기술에 정보통신기술ICT, 바이오기술BT 등을 접목하여 만든 지능화된 농장이다. 스마트팜이란 말은 우리나라에서 만들어진 말로 농업선진국에선 'Hightech greenhouse', 또는 'Precision agriculture'라고 하는데 완전히 대응하는 개념은 아닌 듯하다. 스마트팜은 사물인터넷 IoT기술을 이용하여 농작물 재배 시설의 온도·습도·햇빛량·이산화탄소·토양 등을 측정 분석하고, 분석 결과에 따라서 작물에 가장 적합한 환경을 조성한다. 이와 같은 방식으로 최적화된 생육환경이 유지되어 단위 면적당 생산량이 늘어나고, 스마트폰과 같은 모바일 기기를 통해 원격 관리도 가능한 시스템이다.

'이명박근혜 농정의 연장', '스마트팜 적폐밸리' 등으로 불리는 문재인 정부의 '스마트팜 혁신밸리 사업'은 농민이 촛불로 일군 정부가 농민을 무시하고, '농업 홀대' '농민 무시' 기조가 집약된 대표적 농정이 됐다.

2018년 4월 농업계는 거침없이 비판의 목소리를 쏟아냈다. 사실 농민들은 촛불정부를 자임하는 문재인 정부가 공약대로 농업적폐를 일거에 털어내 줄 것으로 믿었다. 그래서 기다렸다. 그런데 돌아온 것은 농업정책의 난맥상뿐이었다. 당면한 농업 현안 등은 내팽개친 채 '청년농민 육성'과 '스마트팜 확산'이라는, 현장 실정과 동떨어진 이상만을 내세운 채 사업을 강행했다. 2018년 농림축산식품부는 청년농민의 유입 정착을 위해 임대형 스마트팜 입주 혜택을 제공하는 '스마트팜 혁신밸리' 사업을 발표했다.

'스마트팜 혁신밸리'는 전라북도 김제와 경상북도 상주, 전라남도 고흥, 경상남도 밀양 등 전국 4개소에 5천억원을 투자해 순차적으로 운영된다고 했다. 혁신밸리의 핵심 기능은 스마트팜 기술의 연구·실증 지원, 청년농에 대한 창업보육, 임대형 스마트팜 운영 등이다.

농민들의 거센 반대에도 불구하고 1차 사업 대상지로 전북 김제와 경북 상주를 선정했다. 발표 당일 분노한 농민 1천여명은 서울 광화문 복판에 모여 대정부 투쟁을 선포했다.

이렇듯 스마트팜 농정에 대한 농민들의 분노는 무엇 때문일까. 농민들의 분노는 이유가 있었다. 스마트팜은 어찌 보면 농업이 아니다. 일반 제조업에 더 가깝다. 토양을 기반으로 하지 않을뿐더러 농산물이 아니라 상품을 제조, 가공, 유통, 판매하기에 일반적 농업이라고 보기 어렵다. 거기다 대규모 자본이 투여되어야만 성공할 수 있는 사업이기에 농민들이 접근하기 어려운 구조이다. 또한, 생산된 상품과 기존의 농산물들이 시장경쟁을 벌여야 하는 고충을 농민들에게 떠넘기는 행위이기에 농민들의 걱정과 분노가 큰 것이다. 상황이 이러한데도 문재인 정부는 대규모 국책사업을 추진하면서 연구용역이나 농산업에 미칠 영향평가, 지역 농민 의견을 듣는 공청회조차 한 번도 열지 않았다. 또 혁신밸리에서 생산된 파프리카·토마토·딸기가 국내 시장의 유통 전망에 대한 연구용역조차 실시하지 않는 등 시행 후 변화에 대비하지 않았다.

정부의 스마트농업에 대한 우려가 농민단체만이 아니라 전문가들에 의해서도 제기되고 있다. 한국정밀농업연구소의 남재작 대표는 민간 농업정책연구소인 GS&J인스티튜트를 통해 스마트농업 정책의 방향이 잘못 설정됐다며 수정을 요구할 정도이다.

최근 농림축산식품부는 스마트팜에 대한 언론의 비판에 대해 '스마트팜혁신밸리사업'은 생산시설지원사업이 아니고 청년농업인을 대상으로 스마트 기술 능력을 배양하는 한편, 시설농가에게는 시설을 임대해 독립 시까지 영

전국농민회총연맹 회원들이 2018년 8월 2일 스마트팜 사업철회 촉구 농민 결의대회에서 적폐밸리 상징 모형과 농산물에 불을 붙였다. ⓒ민중의소리

농능력을 키워가는 임대시설을 갖춘 사업이라고 설명한다.

그러나 스마트팜혁신밸리는 실질적으로 ICT(Information & Communication Technology) 컴퓨터를 기반으로 정보 및 정보 시스템을 제공하고 이용하는 기술시설을 갖춘 스마트팜단지도 있고 임대형 스마트팜단지 등 생산시설도 있다. 이에 대해 농민들이 이구동성으로 기존 농가들의 생존권을 위협할 것이라고 우려하는 것은 당연한 일이다. 농업계가 안고 있는 문제를 해결하려면 유통구조를 혁신해야 하는데 정부의 스마트팜혁신밸리 사업은 생산시설 확대와 생산력에 중점을 두고 있어 생산과잉과 가격폭락은 불을 보듯 뻔한 것이다.

더구나 정부가 내놓은 청년농육성계획도 현실과 맞지 않는다. 정부는 스마트팜을 청년농에게 우선해서 빌려주는 등 스마트팜 첨단농업으로 유인하고 있으나 불안정한 시장을 두고 청년농에게 생산을 강요하는 행위일 수도 있다. 이런 부담을 안고 청년들이 인생을 걸지도 의문이지만 실패한다면 이는 누가 책임을 질 것인가 말이다.

게다가 집약된 기술과 이를 적용하는 스마트농업의 첨단기술은 청년들에게 선정적으로 다가올 수밖에 없다. 이렇게 겉으로 드러난 모습만의 '기술 대응형 접근'은 우리가 직면한 농업 현안을 해결할 수 없다.

그렇지 않아도 농가의 빈익빈 부익부가 심화하는 현실 속에서 스마트팜혁신밸리는 스마트팜 온실의 섣부른 집적화로 기존 시설농가의 입지를 위태롭게 할 수 있고 신구세대 농민 간 갈등을 유발할 수도 있다.

과학기술일자리진흥원이 2020년 11월 발간한 '스마트팜 기술 및 시장동향 보고서'에 따르면 오는 2022년 세계 스마트팜 시장규모는 4천80억 달러_{한화 약 491조원}에 이를 것으로 전망된다고 한다.

한국의 경우 2017년 4조 4천493억 원에서 연평균 5%씩 성장해 2022년에는 5조 9천588억 원의 규모를 형성할 것으로 예측하고 있다. 외국의 경우는 네덜란드를 비롯해 미국, 일본, 중국 등 지능정보 및 ICT를 활용해 산업 경쟁력을 높이고 부가가치를 창출하기 위한 다양한 모델을 개발해 보급하고 있다고 보고서는 전한다.

농사의 종말

한국은 첨단형이 아닌 보급형 위주의 스마트팜이 농가에 보급되고 있어 주로 모니터링과 자동제어 단계에 머물러 있다고 한다. 그러나 한국의 IT기술과 농업의 융·복합을 기반으로 R&D연구개발가 꾸준히 이뤄진다면 국내 스마트팜 시장규모도 지속적으로 성장할 것으로 보인다고 했다. [표22]

이러한 장밋빛 보고서에도 불구하고 스마트팜의 문제는 정말 심각하게 고민해야 할 과제이다. 우리 농업의 지리멸렬을 가져온 지난 50년간의 농업정책의 올바르고 정확한 평가가 우선 되어야 한다. 특히 기후변화 등에 맞추어 농업의 미래 방향을 설정하고 사회적 대타협을 만들어 내야 한다.

스마트팜은 투자비용의 증가를 필연적으로 초래한다. 그것은 자본의 생리이다. 자전거의 페달을 계속 밟지 않으면 자전거는 넘어지듯 자본은 그 증식

단위 : 천호, %, 천원

구분(누계)		~2013	2014	2015	2016	2017	2018	2019	2022
시설원예	스마트온실 면적(ha)	345	405	769	1,912	4,010	4,900	5,017	7,000
축산	스마트 축사 보급농가수 (호)	-	23	181	430	801	1,425	2,150	5,750
예산(백만원)		-	-	21,555	42,360	59,275	63,256	111,858	-

[표22] 국내 스마트팜 보급 현황 ⓒ국회입법조사처

을 위해 끊임없는 투자가 불가피하다. 여기에 농업이 올라탄다는 걸 게임체인지라고 한다면 우리 농업은 설 자리가 없는 것이다. 투자가 활성화되기 위해서는 높은 투자비용을 부담할 수 있어야 한다. 농민이 이를 할 수는 없는 일이다. 자본의 투자는 회수기간 동안 안정적인 농업환경이 조성될 수 있다는 확신이 있을 때 투자할 뿐이다.

현재 우리나라 스마트팜은 스마트팜이라고 할 수 없다. 시설채소 등의 하우스에 자동화 기기를 설치하여 자동제어를 하는 수준일 뿐이다. 또한, 이를 통한 생산력을 높이는 데 집중할 뿐이다. 농식품부가 말하는 6차산업형 스마트팜과는 거리가 멀다. 이렇듯 세계시장의 변화나 생산과잉의 문제 등도 고려되지 못한 상태에서 마치 스마트팜으로 우리 농정 틀을 완전히 바꾸려 드는 정책은 잘못된 정책이다.

기술적으로도 선진국에서 들여와 현장 접목해야 하는 리스크를 안고 있음을 알아야 한다. ICT 산업의 강점을 살려 농업용 로보틱스와 농장경영지원 소프트웨어 등 디지털 농업시대를 이끌 핵심 기술에 역량을 집중하겠다고 하지만 이는 농업예산을 최첨단 기술과 건설업자들에게 던져주는 꼴을 면치 못할 것이다.

스마트팜은 투자규모에 비례, 토지 및 노동 생산성이 높아지는 특성이 있다. 게다가 제조, 가공, 유통, 판매를 결합함으로 대규모 자본의 투자처가 된다. 결국, 자본지배체제가 되는 것이다. 자본은 기술을 고도화시키고 농장의 규모화를 촉진한다. 이에 따라 노동의 형태도 상시고용으로 농업노동자로 전락하게 될 것이다. 스마트팜의 미래는 최적환경을 제어하는 생산기계의 로봇화, 의사결정시스템의 진화 등으로 생산과 소비를 최적화할 수 있는 데이터 농업으로 발전할 것이다. 결국, 이것은 농업의 자본 예속을 강화하는 길이 될 것이다.

특히 기후변화로 인한 탄소감축의 한축이 되어야 할 농업은 소농 형태여야 한다. 이것은 이미 오래전에 지속가능한 농업이란 측면에서 결정된 일이지만 그동안 신자유주의 거친 물결에 묻히고 말았다. 자본의 탐욕과 거기에 편승하는 정부와 농민이라면 우리 농업은 가망이 없는 것이다. 과연 스마트팜은 미래의 농업일까?

농민인가, 농업인인가?

성장만능주의에 파멸된 한국 농사를 복원해야 할 때

전통적으로 농사를 짓는 사람들을 일러 농민農民이라고 했다. 국어사전은 '농민'을 '농사를 생업으로 하는 사람'이라고 정의한다. 즉 농사를 지어 생계를 꾸려가는 사람 또는 그 계층을 말한다. 인류가 농사를 짓기 시작한 1만 년 전부터 농민이 생겨났다고 보면 된다. '민족문화백과사전'은 농민을 'farmer파머'가 아니라 'peasant페전트'로 규정하고 있다. 우리가 농부를 뜻하는 단어로 알고 있는 'farmer'는 '농장farm'을 소유한 농장경영인을 뜻하는 말이다.

'peasant'는 기본적으로 가족 노동을 기반으로 하여 자가소비를 우선 충족시키기 위한 농산물을 생산하는 생산자를 말하며, 농업 경제의 측면에서 보면 가족을 중심으로 생산과 소비를 결합하여 농업 경영을 해 나가는 사람이다. 또, 가족을 기본 단위로 하면서도 일정한 규모의 공동체마을 속에서 다양한 사회관계를 맺고 살아간다. 농민은 국가 또는 사회에 통합되어 있다는 점에서 미개인과는 구분되며, 이윤을 목적으로 하는 경영을 하지 않는다는 점에서 농업 기업이나 농장 경영인farmer과도 구분된다.

농사의 종말

그럼에도 흔히 우리는 농민을 'farmer'라고 부른다. 이유는 그렇게 가르쳤기 때문이다. 일제에서 해방된 1945년까지 한국 인구의 90% 이상이 농민이었다. 지배계급을 제외하고 나면 전 국민이 농민이었던 셈이다. 그러기에 농민의 문제는 나라의 문제였고 그것이 역사를 지배했다. 어찌 보면 역사의 전개 과정에서 토지와 농민의 소유 관계를 어떻게 설정하느냐가 국가흥망의 열쇠였다고도 할 수 있다. 지배층의 수탈에 대한 농민들의 반발이 전국적인 민란으로 발전했던 조선 후기, 나라가 망하는 결과가 초래되지 않았던가.

농민은 일반적으로 자주적 입장을 견지하는 존재이다. 자신의 농사일을 두고 누구의 간섭도 받지 않는다. 또 무엇을 경작할 것인가를 결정할 권리도 가지고 있다. 이러한 논리들은 '유엔 농민 권리 선언문'에 오롯이 나열되어 있다. 이것은 '식량주권'이 사람으로 확장된 개념이라고 이해할 수 있다.

그러면 한국에서 농민은 언제부터 농업인이 되었으며 그 이유는 무엇이었을까. 농민은 일제강점기 시기 수탈경제 체계에서 '농민'으로 불리어 왔다. 해방 이후 만들어진 제헌 헌법 때부터 현행 헌법까지 여전히 농민으로 규정하고 있다. 헌법 제123조 ④항과 ⑤항에 '농민'으로 규정되어 있다.

④국가는 농수산물의 수급균형과 유통구조의 개선에 노력하여 가격안정을 도모함으로써 농·어민의 이익을 보호한다. ⑤국가는 농·어민과 중소기업의 자조조직을 육성하여야 하며, 그 자율적 활동과 발전을 보장한다.

이에 따라 만들어진 하위 법률들도 모두 '농민'이라는 용어를 쓴다. 농민 문제 해결의 첫 단추는 농지 문제의 해결이었다. 이 때문에 어렵게 1950년 '농지개혁법'을 만들었다. 농지개혁법 1조는 "본 법은 헌법에 의거하여 농지를 '농민'에게 적정히 분배함으로써 농가경제의 자립과 농업생산력의 증진으로 인한 농민생활의 향상 내지 국민경제의 균형과 발전을 기함을 목적으로 한다"라고 규정함으로써 농민에게 농지가 분배되어야 함을 강조하고 있다. 이후 1990년 '농어촌발전 특별조치법'까지 모두 농사짓는 사람을 '농민'으로 규정했다. 이는 식량 생산에 매진하는 주체 세력이 농민임을 사회적으로 인정하는 분위기를 반영한다.

그러던 것이 1993년 우루과이라운드가 선언되고 정부가 개방농정으로 정책 방향을 바꾸기 시작하면서, 법률에 '농업인'이란 표현이 등장한다. 2000년 농업농촌기본법에서 '농업인'이란 대통령령 3조에 규정된 다음과 같은 사람들이다.

1. 1천제곱미터 이상의 농지(「농어촌정비법」 제98조에 따라 비농업인이 분양받거나 임대받은 농어촌 주택 등에 부속된 농지는 제외한다)를 경영하거나 경작하는 사람.
2. 농업경영을 통한 농산물의 연간 판매액이 120만원 이상인 사람
3. 1년 중 90일 이상 농업에 종사하는 사람

전국농민회총연맹 회원들이 2015년 5월 31일 경기도 이천에서 통일쌀 모내기를 했다. ©민중의소리

4. 「농어업경영체 육성 및 지원에 관한 법률」 제16조제1항에 따라 설립된 영농조합법인의 농산물 출하·유통·가공·수출활동에 1년 이상 계속하여 고용된 사람

5. 「농어업경영체 육성 및 지원에 관한 법률」 제19조제1항에 따라 설립된 농업회사법인의 농산물 유통·가공·판매활동에 1년 이상 계속하여 고용된 사람.

이 같은 규정에 따라, 결국은 전통적으로 농민이었던 여성 농민이나 소작 농 등은 제외되고 농민 아닌 사람들이 농업인이 됐다. 300평 이상 농지를 소

유한 가짜 농민들이 생겨나기 시작한
것이다.

파종을 하거나 김을 매는 데 쓰는 호미. ⓒ한도숙

'농업인'이란 개념 도입은 1993년
우루과이 라운드 이후 벌어진 한국농
업 시장 개방에 대한 농민들의 거센
저항과 무관하지 않다. 줄기차게 한
국 농정을 부정하며 농민을 '세력화'한 것에 대한 반사 작용이 농업인이란 개
념을 만들어 냈다고 본다. '농업인'이란 농정 당국이 바라보는 농민들을 지칭
하는데, 객관화하고 계량화하며 대상화한 지난 50년 농정의 결과물이라고 할
수 있다. 이렇게 객관화, 계량화, 대상화한 농정에 편입한 농민들이 농업인인
셈이다.

결국은 1980년 농어업인 '후계자자금법'에 의해 정부 지원을 받은 농민들
이 스스로를 '농업경영인'이라고 칭한 것만 봐도 정부의 의도가 엿보인다. 시
장에 편입하려는 농민들이 스스로를 농업인으로 규정하며 농업경영주가 된
것이다. 따라서 농업경영주들은 농사에서 더 나아가 6차산업이라 일컫는 유
통에까지 진출하며 자본을 불리고 있다. 이것은 농사의 범위를 넘어선 영역
이나, 우리 법 체계는 여전히 이 사람들도 농업인으로 인정하고 있다.

지난 50년의 농정은 계획을 훨씬 뛰어넘는 실적을 거뒀다. 수출주도형 산
업정책의 희생물이며 기반이었던 농민들이, 농촌을 떠나 도시노동자가 되는

농사의 종말

데 불과 몇 년의 시간밖에 걸리지 않았다. 제2차 경제개발 5개년 계획을 발표한 1970년 경 이미 정부가 농민 인구 6%를 목표로 잡았으니, 지금 농민 인구 5%는 실적을 넘겨 달성한 셈으로 볼 수 있다. 이들이 농업인인 셈이다.

2018년 12월에 반포된 유엔 농민권리선언을 보면 소농, 소작농, 여성 농민, 농촌 이주 노동자 등을 '농민Peasant'으로 정의하고, 이들이 종자, 토지 등 생산 수단을 이용할 권리, 안전한 환경에서 일할 권리, 추방되지 않을 권리, 지역의 정책 결정 과정에 참여할 권리 등을 명시했다. 문재인 정부는 이 선언문에 기권했다. 정부 관료들이 바라보기엔 농민이 해당 부분에 대해 권한이 없는 것으로 이해되는 듯하다. 특히 관료들은 종자 주권 문제 등 자본주의 시장 질서에 반하는 조항들에 반감이 큰 것으로 알려져 있다. 농업농촌식품산업법 제6조 1항에 "시장경제 원리를 바탕으로 한 효율성을 추구하되"를 명기한 만큼, 이미 한국 농업이 시장 중심으로 재편돼 있으니 다른 것은 인정할 수 없다는 논리인 것이다.

1993년 이후 농민들은 "농산물이 교역의 대상이 될 수 없다"고 주장해왔다. 이경해 열사는 이를 막기 위해 멕시코 칸쿤에서 자신의 가슴에 비수를 꽂고 세상을 등지기도 했다. 그러나 신자유주의 WTO체제 하에서 농민들의 목소리는 자본의 거대한 파도 소리에 묻혀버리고 말았다. 다국적 농산복합체에 의해 농산물은 교역의 중심에 서게 됐고, 이 과정에서 농민들의 권리는 사라져 버린 것이다.

이제 우리 농업의 갈 길은 어디인가 물어야 한다. '농민의 길'이 제기한 '농민기본법'은 그래서 중요하다. 농민기본법은 유엔 농민권리선언이 주창하는 바를 제대로 녹여내야 한다. 유엔 농민선언은 한국 사회가 농업의 중요성을 인식하고 지금까지의 농정 패러다임 전체를 바꿀 필요성이 있다는 점을 보여준다.

한상희 건국대 법학전문대학원 교수는 "2018년 선포된 농민권리선언은 농민과 토지, 인간과 자연, 그리고 생활과 국가의 문제라는 난제들을 체계적으로 정리하면서 신자유주의적인 농업수탈체제로부터 농민이 주인이 되는 사회를 만들고자 한다. 식량주권운동은 그 주요한 축을 이루는 것으로, '농민과 농촌에서 일하는 사람들'이 인권의 주체임을 선언한다. 농민을 스스로 혹은 자연과 함께 자신의 삶을 형성해 나가는 능동적·유권적 시민으로 자리매김하고 그렇게 살아갈 수 있는 지속가능한 역량을 구성해내고자 한다"고 짚었다. 또 "식량권 및 식량주권을 제도화하며 농민권리를 헌법적 차원에서 정비하는 것"이라고 설명했다.

성장의 사회가 저물어 가고 있는데 한국 사회는 여전히 성장에 목을 매고 있다. 성장이 멈춘 사회는 위험한가? 꼭 그렇지 않다는 것이 사회학자들의 전망이다. 어쩌면 지금이 성장만능주의에 의해 파멸된 한국의 농사를 복원해야 할 시기인지도 모른다. 농사야말로 무절제한 무제한적인 성장을 요구하지 않는다. 성장을 요구하는 것은 자본이고 신자유주의이다. 이를 넘어서려는 노력과 함께, 농사짓는 사람들을 '농업인'이 아닌 '농민'으로 재정립하는 것에서 부터 농정 패러다임의 전환을 시작해야 할 때다.

농사의 종말

초판 발행 2022년 4월 20일

지은이 한도숙
편집 이동권

펴낸이 윤원석
펴낸곳 민중의소리
경영지원 김대영
전화 02-723-4260
팩스 02-723-5869
주소 서울시 종로구 삼일대로 469 서원빌딩 11층
등록번호 제101-81-90731호
출판등록 2003년 1월 1일

값 15,000원